KB127237

Santiago Agai

포르투갈을 걷다, **리스본**에서 **산티아고**까지

산티아고 어게인

산티아고 어게인

초판1쇄 2021년 7월 9일 **초판3쇄** 2023년 6월 9일 **지은이** 박재희 **펴낸이** 한효정 **편집교정** 김정민 **기획** 박자연, 강문희 **디자인** purple **마케팅** 김수하 **펴낸곳** 도서출판 푸른향기 **출판등록** 2004년 9월 16일 제 320-2004-54호 **주소** 서울 영등포구 선유로 43가길 24 104-1002 (07210) **이메일** prunbook@naver.com **전화번호** 02-2671-5663 **팩스** 02-2671-5662

홈페이지 prunbook.com | facebook.com/prunbook | instagram.com/prunbook

ISBN 978-89-6782-144-9 03920

책값은 뒤표지에 있습니다.

이 도서의 국립중앙도서관 출판예정도서목록(CIP)은 서지정보유통지원시스템 홈페이지(http://seoji.nl.go.kr)와 국가자료공동목록시스템(http://www.nl.go.kr/kolisnet)에서 이용하실 수 있습니다.

포르투갈을 걷다, 리스본에서 산티아고까지

산티아고 어게인

박재희 지음

Santiago Again

푸른향기
Prunbook Publishing Co.

Prologue

피하거나
외면하지 않고
나를 마주할 시간

인생에 한번쯤, 이라고 생각했다. 옛날사람 공자는 나이 50이면 하늘의 뜻도 알게 된다고 했는데, 나는 그 무렵이 되면서 하늘의 뜻은 고사하고 내가 누군지조차 알 수 없는 기분이었다. 자기답게, 나답게 살겠다고 했지만 정작 나이를 먹고 어른이 될수록 나는 어떤 나로 살고 싶은 건지 더 혼란스러웠다. '나는 누구인가.' 초조한 질문이었다. 언제 누가 시작했는지 알 수 없는 뜀박질 무리에 섞여 달리고 있었고 나는 언제나 숨이 찼다. 아무리 뛰어도 항상 내 앞에는 더 빠른 사람들이 있었다. 하늘이 아득하고 노랗게 멀어지던 날, 더 빨리 뛰고 싶지도, 맨 앞에 달리고 싶은 것도 아니면서 왜 뛰고 있는 걸까? 스스로에게 물었다. 그 의문에 대한 대답으로 나는 더 힘을 내는 대신 달리기를 멈추었다.

괴테는 그의 책『이탈리아 여행』서문에 로마 땅을 밟게 된 그날이 자신의 제2 탄생일이며 자기의 진정한 삶이 시작된 날이라고 썼다. 괴테의 로마행처럼, 나도 제2의 탄생, 진정한 삶의 시작을 안겨줄 단 한 번의 운명적인 여행을 꿈꾸었다. 인생에 한번은 피하거나 외면하지 않고 정면으로 나를 마주할 시간이 필요했다. 나를 만나 알기 위해서 일단 나의 정신이 완전히 자유로운 차원, 말 그대로 모두 벗어버린 차원으로 가야 한다고 믿었다. 수백 수천 킬로미터를 걷는다고 해도 사람의 본질이 바뀔 수는 없겠지만, 가장 깊게 자신과 만나고 말 그대로 이전과는 완전히 다른 의미의 삶을 가지게 될지도 모른다고 생각했다. 이를테면 나에게 산티아고는 괴테의 로마일 것이라고! 유치하기 짝이 없는 비장함이었다.

첫 번째 산티아고 길 900km를 걷고 난 후 오른쪽 둘째 발톱이 빠졌다. 왼쪽 엄지발톱은 뿌리를 다쳤는지 새로 자라는 발톱에도 검은 멍이 들어 있다. 더는 꾀죄죄할 수 없는 반노숙자로 40일을 걸었지만, 품었던 의문에 대답을 얻지는 못했다. 살아가는 것이 목적일 뿐 지나치게 고민하고 의도할 필요가 없다며 길에 무거운 질문을 모두 던져버리고 왔다. 문제는 내가 생각했던 그 '한번쯤'에 있었다. 안 가본 사람은 있어도 한 번만 가는 사람은 없다는 말, 맛집을 소개하는 흔한 홍보문구같이 들리겠지만, 내게 산티아고는 그렇다. '한 번만'이 되는 길이 아니다. 산티아고를 걷고 난 후에는 세계 그 어디를 여행해도 그리운 곳은 언제나 산티아고 길이었다. 더 많은 곳을 여행하면 할수록 나는 다시 산티아고 길을 걷는 날을 고대했다. 순례길을 걸은 사람들 대부분이 걸리는 '산티아고 앓이'에 나도 예외가 아니었던 것이다. 길이 나를 부르니 방법이 없었다. 까미노에서 맡았던 바람의 향기, 종일 내리는 빗속을 걸으며 깔깔 웃고 울던 기억, 수많은 감정과 함께 내 안의 나를 마주했던 순간들이 사무쳐왔다. 다시 떠나야 했다.

세상의 모든 길이 그렇겠지만 내게 포르투갈 길 산티아고는 모든 면에서 더할 수 없이 고유하다. 오랫동안 꿈꿔온 리스본을 여행하고 땅 끝에서 땅 끝으로 가는 여정을 그리며 시작한 이번 순례길은 내게 뜻하지 않게 운명과 같은 여정이 되었음을 고백한다. 뜨거운 태양에 녹아버리지는 않았는지 정수리를 만져보며 걸어야 했던 열사의 날들, 하늘을 뚫는 폭포처럼 비를 쏟아내고 땅위에 내리던 무지개, 유칼립투스 숲의 향기, 거리를 뒹구는 똥, 까까들 속에서 있는 힘을 다해 자라는 들풀과 꽃, 꽃으로 피어나는 사람들. 정말이지 산티아고를 걷지 않은 사람들에게 여기서 무슨 일이 일어나는지, 길이 나에게 무슨 짓을 한 것인지를 어떻게 설명할 수 있을지 모르겠다. 괴테 선생을 다시 소환하여 말하자면 '사람들은 여기에 와서 다시 태어나는 것임에 틀림없다. 여기 오기 전에 가지고 있던 개념들을 돌이켜 보면 마치 어릴 적에 신던 신발 같다는 생각이 든다….'

직장을 그만두고, 사람과 헤어지고, 인생의 절벽에서 뛰어내리는 심정으로 까미노를 찾은 사람도 있었지만, 새로운 시작을 앞두고, 찾아온 사랑을 감사하며, 내일을 축복하려고 걷는 사람들도 있었다. 내게 이 길은 믿을 수 없는 기쁨이었다. 산티아고 길은 인생과 닮아있었다. 매일 매일이 축제일 수 없고, 바라고 기대할수록 어김없이 목적지는 멀어졌지만, 도저히 설명할 수 없는 어이없는 행운이 줄줄이 사탕으로 이어지기도 했다. 길에서는 짐작하고 계획했던 모든 것들이 어긋나고 틀어지면서 바라지도 못했던 놀라운 선물이 찾아오기도 했다.

인류에게 들이닥친 코로나 팬데믹 시대는 내가 이야기를 풀어놓는 것을 주저하게 만들었다. 그러다가 괴테의 『이탈리아 여행』을, 연암 박지원의 『열하일기』를 떠올렸다. 감히 나를 괴테나 연암에 비하고자 하는 것이 아니다. 나는 걸을 수 없는 이즈음에 걸을 수 없는 길의 이야기를 읽으며 오히려 위로받았다. 반드시 자신의 두 다리로 직접 걷는 여행만이 여행의 전부가 아니었다는 깨달음이 용기를 내게 했다. 다시 떠날 수 있는 날을 꿈꾸며 당신에게 그 길의 위로와 축복을 전하고픈 마음을 담았다.

언젠가 당신도 이 길에서 들려오는 소리를, 이 길이 부르는 소리를 들을 수 있기를 바란다. 어눌한 나의 이야기가 당신에게 닿기를, 그리하여 당신도 길의 부름에 답할 수 있기를.

2021년 여름이 오는 제주에서

박재희

Contents

Prologue

Chapter 1
리스본에서

Chapter 2

걸어서 걸어서

Chapter 3

산티아고까지

11

Chapter 1

리스본에서

리스본 소매치기, 날카로운 첫 키스의 추억

건너편 사내아이였다. 이제 겨우 수염이 자라기 시작했을 나이쯤 되어 보이는 곱슬머리 소년. 리스본의 오렌지색 가로등은 그의 눈이 여자를 향해 상냥하게 웃는 것을 비추었고, 여자도 웃음으로 아이를 바라보았다. 그 순간 아이가 횡단보도를 건넜다. 마치 연인을 향해 뛰듯 여자에게 돌진했다. 무언가 잘못되었음을 느꼈을 때는 이미 그의 코가 여자의 이마에 닿은 후였다. 여자는 몸을 뒤로 젖혔지만 아이의 키스를 피하지 못했다. 역시 사내아이가 훨씬 빨랐다.

이것이 로맨틱한 리스본에서 지긋한 나이의 동양 여자와 유럽의 사내아이가 운명적으로 만난 이야기의 시작이라고 말할 수 있다면 기분이 좀 나아지련만. 불행히도 그렇지 않다. 아이가 내게 달려들었고, 내가 몸을 피하려 기우뚱 하는 사이 등 뒤에서 누군가 나를 껴안았다. 휘청~ 아주 잠시 휘청거린 후 몸을 추스른 1초, 아니 대략 0.3초 안에 마술처럼 벌어진 일이었다. 허리에 두르고 있던 힙색이 사라졌다.

'이건 꿈이야….'

리스본 호시오(Rossio) 광장에서, 수없이 들었던 그 믿기지 않을 만큼 예술적이라는 유럽의 소매치기를 하필이면 내가 직접 당하고야 말았다. 리스본에 도착하고 채 몇 시간도 지나지 않은 때였다.

다정한 연인들이 키스를 나누며 지나는 거리 한가운데서 나는 어쩔 줄 몰라 내 배와 엉덩이, 허리를 연신 더듬었다. 허리춤을 다시 만져보고 엉덩이를 더듬어 봐도 가방이 없다. 잔잔한 파두가 흐르고 거리 악사의 기타 소리가 울리는 레스토란테 거리에서 한참이나 그러고 있던 나를 누군가 봤다면 분명 살짝이 정신이 나갔거나 일찌감치 술에 취한 여자로 알았을 것이다. 아무리 만져봐야 사라진 힙색이 다시 나타나지는 않았다. 정말 없다.

"믿을 수가 없어요. 지퍼가 열려있고 거짓말처럼 지갑만 사라졌어요. 내내 이렇게 꼭 안고 다녔다고요."

신시내티에서 왔다는 여자는 반쯤 얼이 빠져버린 표정이다. 밤 10시 리스본 경찰서는 나만큼 멍청하고 나만큼 순진하며 낙천적인 얼굴을 하고 있는 여자들로 바글바글했다. 국적과 인종은 다양했는데, 베를린에서 왔다는

덩치 큰 남자를 제외하면 신기하게도 피해자는 모두 여자다. 내 앞으로 스무 명가량이 사고 신고, 아니 범죄 신고를 위해 순서를 기다리고 있어 차라리 안심이 되었다. 이상하게 들리겠지만, 이 도시에서 소매치기를 당한 사람들이 그렇게나 많다는 사실은 기묘하게 날 토닥여준다.

급기야 난 울고 있는 네덜란드 여자아이를 위로할 수 있을 정도로 침착해졌다. 내가 힙색을 통째로 도난당했다는 사실이 그녀에게 최소한 자기의 여권은 안전하다는 사실을 일깨워주었는지 노을빛 머리를 한 아이는 날 보며 미안한 표정으로 희미하게 웃었다.

"당신 잘못이 아니에요. 그 사람들은 프로에요. 타깃이 되는 순간 당신이 그들을 피할 방법은 없어요."

나를 담당했던 경찰관 페르난도는 자책하던 나를 달랬다. 하긴 아무리 복기를 해봐도 아예 숙소에 두고 나온 것이 아닌 이상 그때 내가 어찌해 볼 방법은 없었다. 정말 옷 속으로 복대라도 둘렀어야 했단 말인가?

"집시들이예요. 루마니아와 불가리아에서 온 사람들이 정말 골치 아파요. 포르투갈 사람들은 그런 짓을 하지 않습니다. 외지인이 문제죠."

페르난도 말이 사실인지 아닌지 확인할 방도도 없지만, 소매치기의 국적은 내게 중요하지 않다. 어디에나 이방인에 대한 두려움은 있게 마련이고, 또 쉽사리 혐오의 대상이 되기도 한다. 어쨌든 치안은 그들의 책임이 아닌가? 난 따질 힘도 없어 유순하게 고개를 끄덕이며 도난당한 품목을 적었다. 쓰면서 보니 왜 이렇게 많은지.

현금만 통용되는 지역으로 두 달가량 여행할 계획이었으므로 이번엔 꽤 많은 유로를 환전했다. 어마어마한 금액을 숫자로 적는 것만으로도 허리가 휘청한다. 현금 EURO 외에도 신용카드 두 장, 리스보아카드, 포르투갈 교통카드, 선글라스, 자외선 차단 크림과 립밤, 지도 보기용 휴대폰, 무려 블루투스에 삼각대 기능까지 장착한 신상 셀카 스틱, 산티아고 순례자 여권, 그리고 나의 진짜 패스포트, 여권! 여권 분실이야말로 재앙이다. 여권이 없으면 아무것도 할 수 없다. 여권 없이는 말 그대로 존재하지 않는 사람이 된다. 한국에서 돈을 송금 받을 방법도 없다.

"사고로 경찰서에 온 걸 운이 좋았다고 생각해요. 사고로 병원에 간 게 아닌 것만도 정말 다행이지요."

순진하던 소매치기가 점점 강도로 변하고 있다는 얘기였다. 믿기로 했다. 내가 얼마나 운이 좋으면 강도를 당하는 대신 그저 들치기 소매치기만 당했겠냐 말이다! 난 수없이 페르난도의 말을 떠올리며 내가 얼마나 운이 좋은 사람인지 가슴에 새겼다.

'그래그래. 정말 운이 억세게도 좋구나. 제기랄.'

"내일 아침에 곧바로 대사관에 가서 여권 재발급 신청을 하세요."

페르난도는 사고 신고 내용 접수증과 한국 대사관 주소를 프린트한 종이와 함께 2유로짜리 동전 두 개를 건네주었다. 하나는 그의 서랍에서 나왔고, 또 하나는 그가 자기 바지 주머니에서 꺼냈다. 표현 그대로 땡전 한 푼 없는 내가 대사관에 갈 수 있도록 지하철 요금을 준 것이다. 동전 두 개를 받으면서 그제야 내 신세가 어떤 것인지 실감했다. 가족도 친구도 아는 사람이 하나도 없는 외국에서 돈도 한 푼 없고, 내가 누구인지 증명할 길도 없이 다른 나라 경찰의 도움에 의지할 수밖에 없는 사람. 난민과 별 다를 바 없는 신세다.

페르난도가 나에게 '운 좋은 사람'이라고 한 말은 사실이었다. 리스본에 오기 전 게스트하우스를 예약하면서 숙박료를 미리 지불해 둔 상태였다.

'운이 좋게도' 경찰서에서 밤을 새울 필요가 없다. 게다가 낮에 리스본에 도착하자마자 체크인을 했으므로 침대도 지정되어 있고, 적어도 나의 70리터짜리 배낭은 무사하지 않은가. 빨리 숙소로 돌아가 내 물건, 내 소유를 확인하고 싶었다. 내가 아무것도 가진 것이 없는 난민은 아님을 확인해 줄 게스트하우스를 생각하니 나는 정말 '운 좋은' 사람이었다.

게스트하우스의 리셉션 직원은 내게 여권을 보여 달라고 했다. 나는 몇 시간 전에 내게 닥친 불행을 반복 재생하며 설명했지만, 그는 미덥지 않은 표정을 지었다. 곤란하지만 여권이 없으면 들어갈 수 없다는 그에게 나는 경찰서에서 발급해 준 사고경위서를 보여주었다. 그제야 직원은 호들갑을 떨었다.

"미안해. 정말 미안해. 공짜로 들어와서 자려고 거짓말한다고는 생각하지 않았어. 정말이야. 반드시 여권을 확인해야 하는 규정이 있어서 그랬어. 미안해. 근데 너 정말 안됐다."

당연하다고 생각하면서도 너무 지쳐있던 상태라 부아가 치밀었다. 아니 내가 어딜 봐서…. 그런데 그가 기운을 내라며 초콜릿을 쥐어 주는 것이 아닌가. (말해두자면 나는 초콜릿과 아이스크림이 세상에서 벌어지는 문제의 대부분을 해결해 줄 수 있다고 믿는 사람이다.)

'그래, 난 정말 운이 좋은 사람이야. 몸을 누일 침대도 있고 심지어 초콜릿도 있잖아. 페르난도 말대로 정말 운이 좋았어. 으이그.'

여행 중 여권을 잃어버려야 한다면 리스본을 추천하고 싶다. 믿어도 좋다. 사실 포르투갈 대사관에서 보낸 시간은 체험 여행 프로그램으로 넣어도 이상하지 않을 만큼 유쾌했다. 리스본 여권 담당관은 내가 평생 만난 모든 공무원들과는 완전히 달랐다. 그는 마치 낯선 외지에 처음 여행 온 친구를 소개받은 것처럼 민원인을 대했다. 내게 자기도 같은 일을 당한 적이 있다며 스물한 살에 시칠리아에 도착하자마자 소매치기당한 얘기를 들려주기도 했다.

"이제 한국으로 돌아가실 건가요?"

"아뇨. 이것저것 추스르는 데 시간이 걸리겠지만, 계획대로 여행할 거예요."

"세상에, 정말 용감하십니다. 저는 소매치기 당하고 바로 집으로 돌아갔어요."

"그냥 가면 너무 허무할 것 같아요."

"잘 생각하셨어요. 정말 한참동안 아쉬움으로 남더군요. 다시 시칠리아에 갈 때까지요."

난감해 하는 나를 열심히 추켜 세워주고, 내가 일회용 단수 여권 발급신청서를 쓰는 동안에는 새로운 여행지를 추천해주기까지 했다.

친절은 힘이 세다. 단 한 사람의 작은 친절이라도 많은 것을 다르게 만들 수 있다. 혹시 리스본 대사관의 여권 담당자는 소매치기 기억을 지워주는 업무도 책임지고 있는 것은 아닐까? 정말 그럴지도 모르겠다.

딱 한 번 쓸 수 있는 단수 여권, 내가 한국으로 들어가는 용도로 쓰일 단 한 번의 사용만 허락하는 여권을 받았다. 여권을 손에 쥐고 나니 들치기를 당한 후 황당하고 화나고 두려웠던 감정이 대부분 사라졌다. 비록 현상 수배범처럼 나온 즉석 사진을 붙여야 했지만, 그리하여 누구에게도 보여줄 수 없음이 아쉽지만, 새로 받은 임시 여권은 리스본 여행의 가장 특별한 기념품이 될 것이다. 어디 흔해빠진 마그네틱에 비할 손가? 비싼 대가를 치르긴 했지만, 여권을 기념품으로 간직하다니 조금 멋지다고 생각하기로 했다. 여유가 되는 분들께 희귀품 수집으로 권하는 바이다.

괜찮아,
괜찮아,
다 괜찮다

"괜찮아. 괜찮으니 울지 마라."

할머니는 우는 나를 달래면서 그러셨다. 불에 타서 재가 되어버린 것만 아니면 괜찮은 거라고. 아무도 못쓰게 된 것이 아니니까 누군가 쓸 수 있으니 그래도 괜찮은 거라고.

이른 아침 대사관으로 가는 길이었다. 이제 막 깨어난 도시에서 거리 청소를 시작한 사람들이 분주하게 움직일 때 청소차 맞은편 도로에서 버려진 음식 더미를 뒤지고 있는 사람이 있었다. 무언가를 찾아낸 것 같았는데, 그 사람은 나와 눈이 마주치자 놀란 듯 그것을 놓고 길 건너편으로 가버렸다. 가까이 가서 보니 종이 박스에 담긴 제법 커다란 피자 조각이다.

불쑥 그날 기억이 떠오른다. 설 명절 무렵이었다. 외할머니 댁에 가서 세배하고 받은 돈 봉투를 지니고 있었는데, 사촌들과 놀러 나갔다가 잃어버린 것이다. 놀이터 근처에서 모르는 오빠들에게 둘러싸인 후 눈 깜짝할 사이에 벌어진 일이다. 세뱃돈을 봉투째로 빼앗기고 돌아와 우는 나에게 할머니가 말씀하셨다.

"울지 마라. 불에 타서 재가 된 것은 아니잖니. 다른 사람이라도 잘 쓸 거야."

그때 나는 겨우 초등학생 아이였다. 그런 말을 위로로 듣기에는 너무 어린 나이다. 대체 무슨 말도 안 되는 소리를 하는 거냐며 계속 울었던 것 같은데, 신기하게 그 나이에도 할머니 말씀이 어렴풋한 위안이 되었다.

사실 칠칠치 못한 나는 종종 물건을 잘 흘린다. 이번처럼 대놓고 눈을 뜨고 있는 상태에서 들치기에게 당한 경우는 처음이지만, 어쨌든 물건을 잃어버리는 것에는 선수다. 비가 내렸다 갠 날은 들고 나갔던 우산을 가지고 들어온 날이 드물고, 잃어버린 만년필, 예쁜 볼펜은 그 수를 셀 수도 없다. 여행이나 등산 중에 잃어버린 선글라스만 모아도 어마어마하다. 정신 건강을 고려해서 다 따져보지는 않겠지만 말이다. 언제부터였는지는 불확실한데 나는 물건을 흘리거나, 누군가 가져갔다는 의심이 들거나 하는 모든 순간에 할머니를 떠올리게 되었다.

"울지 마라. 재가 되어 사라져버린 것은 아니잖니. 다른 사람이라도 쓸 수 있으니까 괜찮다."

그 말씀은 언젠가부터 내가 스스로를 위로하는 말이 되었고, 마음에서 털어버리는 주문이 되었다. 어느새 분실이나 도난 사고를 당하고 난 후에도 오히려 그럴듯한 축복을 하는 정도까지 발전했다.

'누구든 나보다 더 간절히 필요한 사람이 가져간 것이기를.'

'나보다 더 유용하게 쓸 사람 손에 들어가 있기를.'

'이왕이면 예쁘게, 멋있게 잘 쓰시기를!'

말도 안 된다고? 그렇게 생각할 줄 알았다. 당연하다. 사실 물건을 잃어버리고 같은 것을 다시 사야 할 때는 화도 나고 내가 한심하게 느껴지기도 했다. 하지만 어느 날인가 할머니를 떠올리며 실험삼아 해본 것이 시작이었다. 반쯤 의심하면서도 나를 떠난 물건과 그것을 획득한 사람을 향해 축복 비슷한 것을 해봤는데, 그날 무슨 비밀을 발견한 느낌이었다. 거짓말처럼 즉각적으로 마음이 편해졌다.

이제는 억울하게 무언가 잃어버리거나, 흘려버린 후에 내게 없는 물건과 그것을 집어간 사람들을 축복한다. 속는 셈 치고 한 번 해보길 권한다. 평화로운 마음은 기본이고 스스로를 한심해 하는 대신 꽤 괜찮은 사람이라고 느끼게 하는 효과마저 있다. 정말이다.

이번엔 우산도 아니고 만년필도 선글라스도 아니라 조금 어려웠다. 하필 평생 수중에 지녔던 가장 큰 액수의 현금, 소소하지만 알뜰하게 여행을 위해 챙긴 물건들, 수중에 없으니 아무것도 할 수 없는 사람으로 만드는 휴대폰과 여권까지 몽땅 사라졌으니 할머니의 마법이 떠오르지도 않았다. 두

눈 똑바로 뜬 채 맨 정신으로 빼앗긴 일에 축복이라니 언감생심이었다. 아침에 그 사람을 보기 전까지는 말이다. 쓰레기 더미를 뒤져 피자 조각을 찾아 놓고도 눈이 마주치자 도망치듯 길을 건넜던 가늘고 긴 몸을 가진 사람의 뒷모습이 나의 할머니를, 그리고 페르난도를 소환했다.

페르난도 말대로라면 리스본에는 가난한 자기 나라를 떠나거나 도망쳐 온 난민, 홈리스, 집시가 너무나 많다. 아침에 먹을 것을 찾던 사람은 어쩌면 그들 중 한 사람일 것이다. 혹시 나를 덮쳐 힙색을 갈취한 아이도 마찬가지일까? 그럴지도 모른다. 가난하고 배가 고프다고 해서 도둑질이 당연한 것은 아니다. 어려운 사람이라고 모두 도둑이나 강도가 되는 것도 아니다. 그런데 그 순간 다시 할머니 말씀이 기억났다.

"재희야, 세뱃돈 받은 건데 잃어버려서 속상하지? 속상하고 아까운 마음이 들겠지만 그래도 괜찮아. 괜찮은 거다. 불에 타서 아무도 못 쓰는 게 아니면, 누구라도 쓸 수 있으니까 괜찮은 거야. 뺏긴 게 아니라 우리 착한 손녀가 그 오빠들 불쌍해서 준 거라고 생각하렴. 착한 일 했다고 생각해."

여권을 손에 넣고 돈이 생겼다. 내가 다시 대한민국 국민이 되자마자 가능했다. (말이 좀 이상하지만 여권으로 내 신분을 증명하기 전까지 나는 어느 나라의 국민도 아니었던 것은 사실이니까.) '신속해외송금지원'이라는 제도가 있다는 걸 알았다. 2007년부터 시행된 제도인데, 나처럼 소매치기나 도난으로 현금과 신용카드 모두 잃어버렸거나 어떤 사정으로 해외에서 긴급 경비가 필요한 경우 우리나라 재외공관을 통해 송금 받을 수 있도록 하는 제도다. 영사콜센터를 통해 신고하면 한국의 연고자에게 연락해서 긴급 경비를 송금할 수 있게 해준다. 한국에서 해당 계좌에 입금하면 체류 중인 국가의 현지화로 환전해서 전달해준다. 외교부가 돈을 빌려주는 것은 아니고, 한국에서 송금된 돈을 전달해주는 것이다. 1회에 한하여 미화 3천 달러까지 가능하다고 했다. 여권이 생겼으니 카드발급도 가능하고 들치기를 당한 후로는 현금을 지니는 것 자체가 두렵기도 했지만, 내가 걸어야 할 지역은 신용카드를 쓸 수 있는 곳이 거의 없다. 당장 필요한 돈을 송금 받고 이후에는 다른 방법을 궁리하기로 했다.

수중에 돈이 들어온 후 제일 먼저 경찰서로 갔다. 페르난도에게 고마움을 전하고 싶었다. 작은 카드를 사서 감사 메모를 적고 5유로짜리 지폐를 하나 넣었다. 도와준 것에 대한 감사를 돈으로 표현할 수도 있겠지만, 난 그런 방식이 불편하다. 그날 내게 준 교통비를 갚으면서 꽃을 한 다발 사서 감사를 표시하는 것이 좋을 것 같다. 남자 경찰에게 꽃을 주는 것이 좀 어색하게 느껴지기도 하지만, 그렇다고 커피 한 잔, 술 한 병을 가져가기도 이상하지 않은가. 꽃 파는 가게에서 제일 먼저 눈에 띈 키 큰 해바라기를 샀다.

"페르난도는 다른 지역으로 파견 나갔어요."

페르난도를 만나지 못했다. 돌아오면 카드와 꽃을 전해달라고 부탁하자 젊은 경찰관은 경찰서가 다 울리도록 휘파람을 불며 키득거렸다. 다른 경찰관들을 향해 페르난도 이름을 외치기도 했다. 엉뚱한 상상을 하는 것 같았지만, 사정을 설명할까 하다가 그만뒀다. 어떤 동양인 아줌마가 페르난도에게 반했다고 오해하도록 놔두는 것이 나을 것 같아서다. 경찰서에 돌아온 페르난도에게 재밌고 기분 좋은 농담거리를 선사해 줄 테니까.

"어이 페르난도~ 어떤 동양인 아줌마가 너한테 반한 모양이던데~"

그는 잠시나마 어이없어 할 것이고 카드를 보며 웃겠지. 상상만으로도 기분이 좋다.

호시오 광장을 밝히며 막 오렌지 불빛이 들어오는 바로 이 시간이었다. 그때 횡단보도 건너편에 서 있던 아이, 상냥한 눈매를 마주치며 바라보던 그 소매치기 소년, 어두워지기 시작했을 때였지만 또렷이 본 아이의 얼굴은 지금도 생생하다. 어디서든 다시 마주치게 되면 바로 알아볼 수 있을 정도다. 내가 유난히 사랑하는 고등학생 조카와 비슷한 나이였다. 그 나이쯤 됐거나 한두 살쯤 많을까 했던 소년이 소매치기 강도 패거리 중에 하나였다니. 수없이 떠올려본 장면, 소년과 일당이 덮쳐 내 힙색을 통째로 잘라간 그 순간을 다시 떠올렸는데, 이번에는 여러 사람의 얼굴이 함께 겹쳤다. 버려진 음식 더미를 뒤지던 사람의 뒷모습, 자기 주머니를 뒤져 2유로 동전을 꺼내 나에게 차비로 줬던 경찰관 페르난도, 그리고 그 옛날의 할머니 얼굴과 목소리까지. 그러자 신기한 일이 벌어졌다. 내가 진심으로 할머니처럼 생각할 수 있게 된 것이다. 내가 그 아이와 녀석의 가족이 한두 달 먹고 살 수 있게 해준 거라고, 부러 그렇게 해 줬다고 말이다.

"아이야, 부디 그 돈을 잘 쓰려무나. 너랑 네 가족이 배고프지 않게 잘 지

내길 바랄게. 네가 남의 것을 억지로 빼앗지 않는 사람, 그럴 필요가 없는 사람이 되길 진심으로 바란다. 아줌마가 포르투갈을 걷는 동안 너를 위해서 가끔씩 기도해 줄게. 남의 것을 몰래 훔치거나 뺏지 않고 좋은 어른이 되기를 바란다."

마치 아이가 내 말을 듣고 있는 것처럼 소리를 내서 말해봤다. 쉽진 않았지만 조금 큰 목소리로 몇 번 반복해서. 역시, 이번에도 기분이 나아진다. 할머니 처방은 정말 틀림이 없다니까. 괜찮다. 다 괜찮아졌다. 이제 여행을 시작할 준비가 되었다.

신트라, 또 다른 시작을 위한 땅끝

땅이 끝나는 곳으로 정했다. 포르투갈에 있다는 유라시아의 땅끝 카보 다 호카(Cabo da Roca)는 지리적으로 이베리아반도가 대서양을 만나는 꼭짓점, 서쪽의 맨 끝이라고 기록되어 있다. 포르투갈을 관통하는 여행을 시작하면서 그것을 기념하기 위해 호카곶(카보 다 호카)으로 간다. 포르투갈 리스본에서 스페인의 산티아고(Santiago de Compostela)까지 675km, 거기서 무시아(Muxia)를 지나 또 다른 땅끝 마을 피스테라(Fisterra)까지 120km를 걷는 매우 불필요하고 무모한 걷기 여행의 시작이다. 비행기를 타면 영화 한 편이 채 끝나기도 전에 닿을 거리이고, 열차로, 자동차로 휙휙 몇 시간이면 도착할 길이지만 나는 걷기로 했다. 두 다리로 직접 걷고 느끼는 방식으로 느리고 천천히 깊은 여행을 할 작정이다. 걷기 루트를 따라 지도에 별을 찍었다.

여행의 시작이 땅끝이라니 그럴듯하게 느껴진다. 처음, 마지막, 이런 말은 어찌나 매력적인지 공연히 의미를 두는 것일 뿐이라고 해도 말이 가진 상징성에 저항하기는 힘들다. 호카곶 십자가 기념비에는 16세기 포르투갈 시인, 루이스 데 까몽이스의 시구가 적혀있다.

'여기서 땅이 끝나고 바다가 시작된다.'

대서양과 닿은 육지의 최초이자 땅의 끝이라니, 이번 여행을 시작하는 지점으로서 의미가 딱 와 닿았다.

일반적으로 많이 알려진 땅끝 마을은 스페인의 피스테라이다. 이름 자체가(fis끝 terra땅) 땅이 끝난다는 의미이고, 중세시대 그려진 그림을 봐도 피스테라에서 세상이 끝났다. 검은 바다가 피스테라의 영원한 절벽으로 떨어진다고 생각했던 중세의 믿음과 순례자의 전통을 따라 산티아고 길을 걷는 사람들 대부분 여정을 끝내는 지점으로 피스테라를 선택한다. 나 역시 지구가 둥글다는 것을 알기 전, 대서양을 건너 새로운 대륙을 발견하기 전까지 사람들이 세상의 끝이라고 믿었던 곳에서 산티아고 순례를 마무리했었다. 그 호젓한 바다에서 바라봤던 석양은 문득문득 때 없이 훅 떠오르곤 했다. 그 바다를 상상하며 이번에는 과학적으로 측량된 진짜 지도의 끝 북위 38.46 서경 9.30 지점에 있는 마을 등대에서 여정의 첫발을 뗄 셈이다.

호카곶은 리스본에서 북서쪽으로 40여 킬로미터 떨어진 신트라(Sintra)에 있다. 신트라는 알록달록 자유로운 상상력의 극단을 보여주는 페나 성과 무어인의 성, 그리고 비밀의 정원으로 유명하다. 정작 내가 신트라에 끌린 이유는 다른 것이었는데, 신트라의 고원 지대가 역사 이전부터 신성화된 달을 숭배하던 곳이었다는 점이었다. 엄마는 하늘에서 내려온 달을 품에 껴안는 태몽을 꾸고 나를 낳으셨다고 했다. 그래선지 나는 유독 달에 매혹된다. 서양에서 달은 주술과 어둠 세계의 여신을 상징한다. 이베리아 켈트 예배의 중심지로서 태양이 아니라 달을 숭배한 사람들이 '달의 산' 꼭대기에 세운 마법의 도시라니! 지나치지 말아야 할 곳으로 꼽아 뒀었다. 도시 전체가 세계문화유산으로 정해진 신트라를 일컬어 영국의 시인 바이런(Byron)은 '신에게 은총을 받은 에덴동산'이라고 했다. 세상에! 기차를 타고 갈 수 있다는 에덴동산이라고? 무조건이다. 리스본 호시오 역에서 아침 일찍 에덴으로 가는 기차를 탔다.

과연 태어나 처음 본 광경이 신트라 역에서 펼쳐졌다. 신비나 마법, 그런 얘기가 아니다. 월드컵 결승전을 치른 후 경기장에서 수만 명의 관중이 한꺼번에 몰려나오면 이런 모습이 아닐까? 포르투갈의 신비한 도시라던 신트라 기차역은 발 디딜 틈도 없이 사람으로 가득했다. 걷기는커녕 그 자리에서 움직일 수도 없이 사람 파도 속에 일렁이며 한참 서 있었다. 지나고 보니 그건 그날 맞닥뜨릴 인파의 예고편이었다. 사람이 많아도 너무 많다. 여름 성수기도 아니고 휴일도 아닌 9월의 평일에 포르투갈의 작은 마을에서 파도처럼 밀리며 사람들 속에 있게 될 줄이야. 한국 사람은 7월 8월 성수기만 피하면 될 줄 알겠지만, 오히려 9월이 유럽에서 여행 좀 한다는 사람들이 가장 선호하는 때인 것이다.

"아주 아주 오래 기다려야 할 텐데 괜찮아요?"

페나 성 입장권을 사려는 내게 매표소 직원은 애매하게 찡그리며 말했다. 티켓을 판매하는 사람의 양심적인 만류에도 불구하고 '설마'라는 몹쓸 병에 걸린 나는 그냥 입장권을 샀다. 결국 사용하지 못할 것을 깨닫기

100m 전이었다. 표를 사고 들어가 바로 보이는 줄을 섰는데, 멀찍이 '여기부터 2시간 이상'이라는 푯말이 눈에 띄었다. 뒤에 선 이에게 얼굴도장을 찍어 둔 후 확인차 줄을 따라가 보았다. 끝이 없다. 늘어선 줄은 성 전체를 감싸고 세라 산 중턱까지 이어졌다. 어디가 입구인지 확인해보지 않았다면 난 그날 멍청하게 줄을 서서 기다리고 또 기다리며 하루를 다 보냈을지도 모른다. 유럽 사람들은 언제까지라도 기다릴 수 있을 것 같은 표정이었지만, 난 곧 바닥이 드러날 것이 뻔한 내 인내심을 테스트하고 싶지 않았다. 무작정 기다리느니 성채와 정원만 둘러보고 알타크루즈 언덕에 오르기로 마음을 바꿨다. 티켓값 14유로가 날아갔다.

페나 성문 위에는 어디서도 보지 못한 기괴한 신상이 앉아있다. 하체가 물고기, 상체가 사람인 것은 같지만 흔히 본 인어상과 다르다. 물고기 두 마리가 다리처럼 몸통에서 뻗어있고 상반신의 인물 역시 파격이다. 아리따운 여성이 아니라 쭈글거리고 툭 튀어나온 배를 가진 늙은이, 오싹한 표정의 남성적 괴물이다. 그때까지 나는 남성 인어를 생각조차 하지 못했다. 게다가 바다의 인어가 산꼭대기에 있는 성을 지키는 신이라니 상상초월이다.

이베리아 반도 서쪽의 기다란 해안으로 바다를 땅처럼 드나들며 살아온 사람들에게 이것은 파격이 아니라 오히려 자연스러운 것일지도 모른다. 적으로부터 성을 지키는 역할이라면 동화 속 공주가 아니라 두말할 필요 없이 괴물 인어 신이 제격일 것이고. 인간을 사랑해서 목소리를 대가로 다리를 얻고 걸을 때마다 칼에 베이는 아픔을 느껴야 했던 인어공주, 사랑 때문에 결국 거품이 되어버리는 인어공주가 성을 지킨다면 어디 불안해서 잠이나 잘 수 있겠나? 거대한 조개껍질 파도 위에 앉은 바다의 신, 괴물인어가 신트라 산의 페나 왕궁과 도시를 지키고 있다. 엄숙하고 근엄한 분위기를 자랑하는 보편적인 성과는 다르게 알록달록한 색으로 장식한 것부터 오싹한 성 문지기 인어 신상에 이르기까지 페나 성은 편견을 깨부순다. 묘하게 통쾌하다.

수많은 관광 인파의 공격을 꿋꿋이 막아내고 아직 낭만과 신비를 잃지 않은 신트라 숲에는 사라진 왕족과 귀족들이 여름을 보냈던 그림 같은 별장들이 자리하고 있다. 매력적인 산골 마을을 타박타박 걷고, 비밀 장치가 가득 찬 기괴한 상상력의 정원, 킨다 다 레갈레이라(Quinta da Regaleira)에서 미로를 헤매고 아줄레주(Azulejo) 예술의 절정을 보여주는 왕궁을 돌아보았다. 모든 것이 매력적이었지만, 내가 신트라에서 가장 오랜 시간 머문 곳은 무어인의 성곽이다. 빼앗고 뺏긴 격동의 역사가 가슴 아리게 쌓여 있는 성곽. 지나간 시간이 안개가 되어 넘나드는 성을 걸었다. 시간이 흘러 달라진 것들과 시간이 흘러도 달라지지 않는 것들 사이에서 시간이 바꾸지 못한 아름다움은 꽃으로 피어있다.

호카곶이 신트라 여행의 절정이 되어 줄 거라고 생각했다. 바람은 어긋났다. 호카곶 일대는 땅끝을 상징하는 십자가 기념비와 예쁘게 단장한 등대를 배경으로 사진을 찍으려는 사람들, 관광버스를 타고 도착한 사람들이 엉켜 북적거렸다. 관광지일 뿐 이런, 땅끝의 정취라고는 없다. 바위 사이에

핀 꽃과 절벽을 오르내리던 산양, 하늘과 바다의 경계 없이 광활했던 공간이 자리를 떠날 수 없도록 울컥하게 만들던 땅끝마을 피스테라를 상상했건만 완전히 다르다. 사진을 찍으려 몰려든 사람으로 북새통이 되어버린 관광명소는 기대했던 곳이 아니었다. 실망. 맥이 풀려 어슬렁거리고 있는데 상기된 표정을 한 노부부가 다가왔다.

"우리 사진 좀 찍어 줄래요?"

결혼 50주년을 기념해서 벼르고 별러 왔다고 한다. 두 사람 사진을 찍어주면서 비로소 거기 온 다른 사람들 표정을 제대로 살펴보게 된 것 같다. 더없이 특별한 장소를 찾아와 사진을 찍으려고 줄을 선 사람들의 얼굴에는 흥분과 감격이 넘실거린다. 사람들의 벅찬 감동이 내게로도 옮겨온 것인지, 노부부의 사진을 찍어주고 자기 순서를 기다리는 사람들의 설레는 표정을 바라보면서 내 마음도 부드러워졌다. 나는 눈을 크게 뜨고 입꼬리를 올린 후 셀카를 찍었다. 덩달아 기념품도 샀다. 내 이름과 날짜를 적어 넣어 오늘 내가 땅끝에 왔다 갔음이 분명하다고 증명해주는 호카곶 방문증도 받았다. 감흥은 저절로 생겨나기도 하지만 스스로 만들어내는 것이기도 하니까. 비교하는 마음과 편견을 걷어내고 새롭게 보며 느끼는 것이 여행이니까.

호카곶은 내게 관광객으로 가득 차 북적이며 정신없던 곳으로 남을 수도 있고, 나의 출발을 기념한 곳이자 많은 사람들이 특별한 의미를 두고 찾아오는 유라시아의 끝으로 기억될 수도 있다. 난 후자를 선택했다.

그대,
꿈꾸던 삶을
살고 있나요?

단 한 번의 기적 같은 여행. 꿈꾸던 삶을 살고 있느냐고 질문을 던졌던 영화가 있다. 그 영화와 원작 책을 읽은 것이 발단이었다. 나도 모르는 나를 찾아 떠나는 여정에 대한 조급증을 동반하는 '리스본 앓이'를 하게 만든 것은 파스칼 메르시어의 소설 『리스본행 야간열차』이다.

책을 읽고 난 후, 나는 다시 동명의 영화를 찾아 몇 번이나 되감고 멈추며 돌려봤는지 모르겠다. 뇌가 가장 섹시한 신체 부위라고 믿는 사피오 섹슈얼(Saphio Sexual)이라면 배우 제레미 아이언스는 절대 지존이다. 그가 영화 속 주인공 그레고리우스이다. 나는 그와 함께 상상 속에서 리스본을 헤맸다. 매일 늦게까지 구글어스로 리스본을 찾아가는 버릇까지 생겼다. 아마데우의 집과 병원이 있던 바이후 알투 언덕을 오르고 모니터 속 아우구스타 대로를 더듬더듬 걸어볼 만큼 병이 깊어졌다. 리스본은 그렇게 내 가슴 속 열망으로 자리 잡았다.

숙명은 우연으로 가장하고 삶에 불쑥 끼어든다. 내가 알지 못했던 열망을 불러낸 책 속의 한마디 '우리가 떠나온 생의 특정한 장소로 갈 때 우리 자신을 향한 여행이 시작된다.' 그 말이 나를 리스본으로 불렀다.

비록 리스본에 도착하고 몇 시간 만에 소매치기를 당해 알거지가 되었지만, 그것은 마치 오랫동안 짝사랑해온 사람에게 사랑을 고백한 순간 세차게 뺨을 맞은 꼴이었지만, 내 눈에 낀 콩깍지는 쉽게 벗겨지지 않았다.

상상 속에서 노란 겨자색 전차는 곡예를 하듯 알파마의 좁은 길을 빠져나갔다. 28번 전차를 타고 손을 뻗어 좁은 골목을 만지는 상상을 얼마나 오래 해왔던가! 아무리 반복해도 질리지 않을 것 같았는데, 전차에 올라 똑같이, 매번 다른 모습에 탄성을 지르고 놀라며 즐거울 줄 알았는데, 불행하게도 상상과는 달라도 너무 달랐다.

전차 정거장마다 가이드북을 들고 길게 줄 선 각국의 관광객은 인도를 가득 메웠고, 그 무리를 헤치며 지나가기란 '낙타가 바늘구멍 지나기' 비유를 떠올릴 만큼 힘들다. 매번 푸시맨이 필요할 지경으로 만원인 전차 타기는 솔직히 어지간한 마인드 컨트롤을 하더라도 마냥 즐겁기만 한 일은 아니었다.

본래 유명한 여행지는 여행 프로그램에서 보여주는 것과는 완전히 다를 때가 많다. TV 속 여행자들이 여유롭고 한적한 장소에서 현지인과 대화를 즐기고, 우연한 초대로 선의를 대접받는 따위의 일들은 광고주가 비용을 지불해서 연출하는 허구적 상황인 경우가 대부분이다. 여행 현실에는 좀처럼 없는 일이다. 낭만적인 28번 노란색 트램도 없었다. 어떻게 해서든 필사적으로 관광객 무리를 피해 전차 앞에 선 자신의 모습을 남기려는 절박한 관광객으로 가득 찬 전차에는 낭만도 삶도 타지 않는다. 유명 관광지의 도장깨기 소품으로 만나야 했던 리스본 노란 전차는 얼마간 쓸쓸했다.

드론으로 촬영한 여행지에는 호객행위를 하는 삐끼도 없고, 소리를 치거나 새치기를 하는 단체관광객도 없다. 그림 같은 도시의 풍광이라도 실제 여행 사진에는 나처럼 셀카봉을 든 관광객이 배경이 될 확률이 높다. 리스본도 그랬다. 책과 달랐고, 영화와도 달랐으며, 상상 속 리스본과 가장 크게 달랐다. 내가 꿈꾸던 리스본은 없었다. 가보지도 못했던 곳을 상상하며 키웠던 오랜 그리움. 오랫동안 그리워했던 마음을 보상받고 싶었던 걸까? 난 구석구석 리스본을 걸었다.

포르투갈 여행 전, 존 버거의 책 『여기, 우리가 만나는 곳』을 읽으며 밑줄을 그은 부분이 있다. 페리호를 타고 테주 강 건너편 카실랴스(Cacilhas)에 가서 리스본을 바라보며 그는 '멀찍이 떨어져서 보니 리스본이 벌거벗은 듯이 보인다.'고 했다. 무슨 뜻일까? 카실랴스에 가야 했다.

호시오 역에서 기차로 두 정거장이면 닿는 까이스 두 수드레(Cais do Sodre)에서 페리를 타고 카실랴스까지 채 10분도 걸리지 않는다. 한번은 기차로 움직여 페리를 탔고, 한번은 자동차를 빌려 리스본 건너편 알마다 지구로 갔다. 바다처럼 보이는 넓은 강 선착장을 내려가 강변을 걷다 퐁도피날(Ponto Final)이라는 유명한 가정식 레스토랑을 발견했다. 종료, 끝(End)이라는 뜻의 이름을 가진 이 풍경 좋은 맛집은 꽤나 유명한 곳이다. 여행 TV 프로그램도 수차례 소개한 곳인데, 리스본 현지인이 추천해서 유명해졌다던 '뷰-맛집'에 이제 현지인은 찾아 볼 수 없고 여행자가 자리를 모두 채우고 있다. 절벽에 바짝 붙여 아슬아슬한 강가에 자리한 식당이다. 한 발만 잘못 디디면 물로 풍덩 할 듯 보이지만 그래서 더 조심하게 되니 안전하다는 웨이터의 안내를 받아 자리를 잡았는데, 순간 절박한 한국말이 들려왔다.

혜영아 나 이렇게 찍어줘!

나도, 나도, 나도 여기서 한 장.

야, 이제 나 찍을래. 비켜봐.

얘들아, 여기서 이렇게 단체 사진 찍자.

퐁도피날에서 제일 맛있다는 정어리튀김과 토마토밥에 그린 와인을 즐기는 동안, 혜영 씨라는 분 일행의 인생 샷 프로젝트는 끝나지 않고 계속되었다. 레스토랑에서 한국인 일행은 먹지도 마시지도 않고 열정적으로, 아니 내가 보기에는 무슨 벌칙 미션을 수행하듯 돌아가며 사진을 찍고 또 찍었다.

여행의 기억은 사진으로 남는다. 사진 찍기는 여행의 즐거운 부분이기도 하다. 그렇다고는 해도 너무 지나친 느낌이다. 나만 그런가? 이제는 조금 지겨워진다. 그놈의 인생 샷 타령, 남는 것은 사진뿐이라는 말, 자연스러움을 가장한 촬영 포즈, 소셜미디어에 올리기 위한 사진 찍기, 보여주고 자랑하기 위한 여행…. 대체 이런 허위가 언젠가 끝나긴 하려나?

리스본에서 만나 친구가 된 유진은 알마다에서 빼놓을 수 없는 것은 크리스투 헤이(Cristo Rei)라고 했다. 유진과 함께 차를 빌렸다. 그는 107m 거대 예수상을 보고 싶어 했다. 샌프란시스코 금문교를 꼭 닮은 다리를 건너 리우데자네이루 예수상을 본 떠 만든 것 같은 '거대 예수상'을 보러 갔다.

크리스투 헤이 전망대 입장권을 사고 예배당에 들어가면 축복의 의미로 성경 구절이 적힌 작은 종이를 한 장씩 준다. 내가 받은 쪽지에는 이렇게 적혀 있었다.

'See, I have written your name upon the palms of my hands(보라, 내가 너의 이름을 나의 양 손바닥에 새겨 두었도다).'

보호를 의미하는 글귀였다. 유진은 내가 순례자에게 제일 필요한 축복을 받았다며 신기해했다.

가까이 가보니 정말 거대한 예수상이다. 십자가의 길을 돌며 기도하고 싶다기에 유진을 따라 걸으며 나는 아무리 봐도 브라질 리우의 예수상을 모방한 짝퉁이 틀림없다고 놀렸다. 손바닥에 이름을 써 넣어 보호해 주실 거라면서 며칠 먼저 해주지 내가 다 털리고 올 때까지 미루실 건 뭐냐고,

나는 '삐뚤어질 테다' 태도를 유지하며 시비를 걸고 장난을 쳤지만 유진은 진지했다. 리스본에서 보낸 시간 중에 가장 의미 있고 행복했다고 말함으로써 유진은 내가 놀리기를 멈추게 만들었다.

모든 관계는 상대적이다. 같은 사람이라도 상대에 따라 전혀 다른 존재로 규정되는 것처럼, 어떤 장소의 의미나 가치는 그곳을 찾은 사람, 그곳을 느낀 사람이 부여하기 마련이다. 짝퉁 금문교에 짝퉁 예수상이든 아니었든 그것이 중요한 것은 아니다. 유진 덕분인지 어느새 나도 우연히 뽑은 쪽지의 구절로 보호를 약속 받은 느낌이었다. 계획하지 않았던 평화로운 리스본을 알마다에서 찾았다.

낮고 붉은 지붕의 일곱 개 언덕에 노을이 지는 시간이면 테주 강을 바라보며 공연히 눈물이 났다, 고 말하게 될 줄 알았다. 하지만 내가 열흘 남짓 머무는 동안 본 리스본은 진짜 삶을 살아가는 사는 사람이 있을 것 같지 않은, 관광객을 위한 관광객에 의한 관광객의 도시였다. 오랜 사랑에 배신당한 것처럼 뼈아픈 실망이었다. 완벽하고 멋진 교회 오빠를 오랫동안 흠모했는데, 사실은 상상하지 못했던 너무 다른 사람의 모습도 있었음을 본 열다섯 살 소녀 같았다. 나는 리스본이 그럴 리가 없다며 실망하지 않아도 좋을 것을 찾았다. 매일 언덕을 오르고, 골목을 헤매어 강가에 나가고, 저녁이면 파두(Fado)를 들었다.

포르투갈 음악 파두는 숙명이라는 뜻의 라틴어 'Fatum'에서 유래했다고

LISBOA PORTUGAL

Fado
VADIO

한다. 16세기에 아득한 대서양을 건너 남미로 떠나야 했던 포르투갈 사람들, 그들이 품었던 그리움과 고난, 좌절, 숙명이 아니었을까. 떠나간 이의 그것이 남미의 정서와 섞여 다시 19세기 이후 포르투갈로 돌아와 태어나 자란 음악이 파두라고 들었다. 파두의 여정 어디에도 내가 태어나고 자란 근원은 한 자락도 닿아 있지 않다. 그런데 아주 오래전 한국 주말 드라마에서 처음 들어 알게 된 그 울림이 잊히지 않고 되돌이표를 찍으니 별일이었다. 리스본에서 파두를 들었던 저녁 매번 코끝이 매웠다. 내가 전혀 즐기지 못하는 트로트 음악과 비슷하게 울릴 때도 있었고, 예민하지 않은 귀로 흘려들었던 일본의 엔카 느낌도 없지 않았지만, 파두만은 상상했던 리스본에 가까웠다. 실망하지 않았고 묵직한 울림을 느꼈다.

'그대가 곁에 있어도 나는 그대가 그립다.'

그렇게 노래했던 시인이 있던가? 나야말로 리스본에 있으면서도 리스본이 그리웠다. 미련한 사랑이었다. 세계에서 제일 오래된 리스본의 서점에서는 오래된 책 향기보다 관광객의 향수 냄새가 강했지만, 파두가 아련하게 울려 퍼지는 알파마의 언덕조차 취객과 소매치기, 출동한 경찰이 눈에 띄게 많았지만, 그래도 리스본은 내 오랜 사랑이다.

리스본의 영혼이라 부르는 페소아 카페를 찾고, 그의 동상 옆에서 커피를 마시고, 마치 거기서 나고 자란 그 동네 주민이라도 된 듯 어슬렁거리며 시간을 보냈다. 우리가 무례하게 에그타르트라고 부르는 나타(nata)를 하루에 몇 개씩이나 찾아 챙겨 먹으며 행복했다. 나타가 고스란히 내 복부에 달라붙을 것이라는 사실 따위는 중요하지도 않을 만큼 조건 없는 사랑이었다.

리스본 대성당, 포르투갈 순례 첫 번째 스탬프

첫 번째 스탬프를 찍었다. 산티아고 가는 길 포르투갈 루트는 리스본의 대성당에서 시작된다. 지난 며칠 동안 수없이 오르내렸던 산타 후스타 골목과 바이후 알투 언덕을 지나고 미구엘에서 바라보던 테주 강을 뒤로했다. 이제 리스본을 떠나도 좋다는 확인 도장을 받은 것이다. 행복한 여행자는 등 뒤로 그리움을 남기는 법이라고 스스로 토닥이며 걸음을 옮겨 놓았다. 햇살과 음악, 사랑과 낭만, 뜻 모를 애잔함과 순박한 사람들이 있는 리스본, 주민보다 소매치기가 더 많다는 불명예에도 불구하고 사랑하지 않을 수 없었던 이곳으로 언젠가 다시 오리라고 되뇌었다. 마치 더는 사랑하지 않게 된 연인을 떠나면서 다시 돌아오겠다는 말로 변심을 감추려는 마음 같기도 했지만, 내 오랜 사랑은 아쉬웠다. 리스본은 빛이 바랜 그리움이 되어 등 뒤에 남을 것이다. 이제 리스본을 떠난다.

'세상에…. 뭐 이래?'

산티아고 루트 중에 리스본 출발을 선택하는 사람이 거의 없는 이유를 깨닫는 데는 긴 시간이 필요하지 않았다. 걸어보면 누구든 바로 알게 된다. 상상한 까미노가 아니었다. 도시의 보도블록, 시멘트 길을 지겹도록 걸어 나왔다. 내가 언제 마음을 준 적이 있었나 싶을 만큼, 믿기지 않을 정도로 거리는 지저분하다. 리스본 관광의 하이라이트라는 상 조르주 성에서 딱 반 블록을 벗어났을 뿐인데, 도로에는 쓰레기가 뒹굴고 불결한 도시의 외곽으로 이어졌다. 무책임하게 버려진 것 같은 서글픈 거리를 마주하며 걸었다.

'순례길이라고 할 수 없어!'

바스쿠다가마 다리(Ponte Vasco da Gama)를 바라보는 타구스 강변이 나타나기 전까지 리스본 대성당에서부터 8km는 한마디로 엉망진창이다. 긴급 보수가 필요한 보드워크를 걷다가 나무 데크를 무너트리게 되지는 않을까 걱정스러웠다. 도시의 생활 쓰레기 냄새에 어질어질했고, 무표정하고 어딘가 화가 나 있는 듯한 사람들의 표정은 마주하기도 생경하다.

밝은 코발트 빛깔의 하늘과 바삭바삭한 햇볕에도 도무지 유쾌한 기분이 되기 힘들었다. 바다처럼 펼쳐진 타구스 강변에 설치된 케이블카는 이용객이 없이 처량하다. 유럽에서 제일 긴 다리, 총 길이 17.2km 바스쿠다가마 다리가 나타나기 전까지는 볼만한 풍광도, 쉴 곳도, 물을 살 만한 자판기마저 하나 없는 길이다.

한강 고수부지가 얼마나 깨끗하며 상쾌한 곳이었는지 새삼 그리워지기까지 했다. '여행은 영혼에서 불어오는 바람을 따라가는 것'이라면서 콧노래를 불렀던 게 불과 몇 시간 전인데, 톡톡히 벌을 받는 심정이었다. '집 떠나면 개고생이지.'를 절감하며 걸었다. 차도를 따라 이어진 노란색 순례 화살표를 따라왔더니 중고차와 폐차를 빼곡하게 세워둔 자동차 단지가 나타났다. 삭막한 풍경을 꼽으라면 순례 첫날인 오늘 루트에 최고점을 주겠다.

포르투갈 특유의 그라피티로 가득한 벽을 보는 것으로 그나마 위안을 삼았다. 사실 그라피티만은 눈을 뗄 수 없이 아름답긴 하다. 포르투갈 정부가 아예 스트리트 아트(street art)로 명명하고 권장한다더니, 그래서인지 벽이라는 벽 모두 개성 가득한 그라피티가 채우고 있다. 비어있는 벽이 없다. 혹자는 낙서와 예술의 경계에 있다고 하지만, 내 눈에는 미술관과 박물관에 박제될 위험을 벗어난 완벽한 공개 예술이다.

예술적인 그라피티와 대비되는 쓰레기와 온갖 생물체의 배설물이 뒹구는 길, 도저히 적응이 되지 않는다. 말이 나왔으니 말이지만 산티아고 가는 길 프랑스 루트는 어떤가 말이다. 생장피에드포르에서 출발해 론세스바에스까지 가는 프랑스 루트의 첫날이란 피레네 산맥을 넘을 때 목숨을 걸어

야 했다는 점을 빼면(목숨을 걸었던 것이 과연 뺄 수 있는 것인지는 모르겠지만) 아찔한 풍광으로 한 걸음 한 걸음이 아까웠다. 평생 잊지 못할 감격과 설렘 그 자체가 아니었던가. 까미노 프랑스 길은 찾는 사람이 점점 많아

져 하루 500명에 육박하는 사람이 루트의 시작 지점인 생장으로 몰려간다고 한다. 하루 500명이면 마치 줄 서서 행군하는 것 같겠다는 상상을 하며 같은 시기에 프랑스 길로 떠난 사람을 안쓰럽게 생각했었다. 사람이 많아 숙소를 잡기도 만만치 않겠다고 걱정해주면서 나는 포르투갈의 한적한 길을 찾아왔다. 그래 놓고 이제 와서 나는 프랑스 길에 사람 많은 데는 다 이유가 있는 거라고, 리스본 루트에 사람이 없는 것이야 당연하지 하며 어지간히 불만을 쏟아냈다. 세상에 이유 없는 무덤이 없고, 옛말 그른 거 별로 없다고 듣는 사람도 없는 불평을 하며 걸었다. 첫날이라 배낭은 더 무겁게

느껴졌고, 뒤틀린 심사로 기운이 빠졌다. 엉금엉금 초주검이 되었을 때 알프리아테(Alpriate)에 도착했다. 12kg 배낭을 메고 리스본에서 알프리아테까지 22km를 걸었다.

"보아 타르데(포르투갈의 오후 인사. 영어로 굿 애프터눈이라고 보면 된다)."

앞으로 걸어야 할 길도 계속 이렇다면 아예 계획을 바꾸는 게 낫겠다고 생각한 참이었다. 극기 훈련도 아니고 이건 순례길이라기엔 뭔가 대단히 잘못된 것 같았다. 초조한 기분으로 숙소 앞 벤치에 앉아있는데 마을에서 할머니 한 분이 나를 보고 다가온다. 가까이 선 할머니는 갑자기 쓱 내 손을 잡더니 당신 앞치마로 끌어갔다. 깜짝이야. 순식간에 손을 잡혀 당황한 나를 바라보는 할머니 입가에 주름이 많았다. 할머니는 주름을 깊게 파며 오물오물 무어라 다정한 인사를 건네더니 복숭아 한 알을 쥐어 주었다. 할머니 눈빛과 손은 따스했고 그 순간, 어디선가 더없이 시원한 바람이 불어왔다. 무화과나무 아래 벤치에서 할머니가 건네준 복숭아를 들고 있는 내게로 불어온 바람은 무엇이었을까? '레드썬~' 최면이라도 걸었던 것일까? 갑자기 이런 험지 걷기야말로 제대로 된 진짜 순례라는 생각을 하게 된 것이다. 볼 것도 별로 없고, 쉴 곳도 없으며, 하다못해 제대로 된 인도도 없는 길을 걷는 것이 어쩌자고 꽤 괜찮은 생각이라고 느껴졌다.

어차피 인생이란, 순례란, 상큼하고 발랄한 걷기 여행은 아니지 않은가? 지난하고 어려운 날과 힘겨운 시간이 이어지는 것이 인생이고 순례가 아니던가 말이다. 문득 불어온 한 줄기 바람, 모르는 사람에게 건네는 따스한 한마디, 그리고 모양이 일그러진 복숭아 하나에 기대어 일어서고 힘을 내고 걷는 것이 인생이고 길이다. 난 제대로 찾아온 것이다.

볼 것이라고는 아무것도 없는 동네, 한가한 시골 동네에 가을바람을 맞으며 앉아있는 것도 꽤 맘에 들었고 웬일인지 마음이 차올랐다. 아~ 바람 좋은 포르투갈이다. 오늘 나의 포르투갈 걷기가 시작되었다.

암스테르담에서 온 천사 헹크

'길이면 그냥 길인 거지 자동차 다니는 길, 사람 다니는 길이 따로 있어야 해?' 뭐 이런 식이다. 인도는커녕 갓길도 따로 없는 엄연한 차도를 향해 순례길 표식 화살표가 그려져 있다. 자동차 전용도로 차선을 따라 걸어가라니. 서커스단 외줄 타기 훈련도 아니고 이건 뭐 상상초월 까미노다.

멀리서 차가 보일라치면 나는 양팔로 워킹 스틱을 번쩍 들어 올리며 항복 표시 혹은 SOS 신호로 여겨지는 동작으로 인사를 보냈다. 마을 운전자들은 속도를 늦춰 주기도 하고 손을 들어 화답해줬는데, 산업도로에서는 사정이 달랐다. 마치 오늘 생애 최고 속도에 도전하는 사람들처럼 열정적이다. 경주하듯 달리겠다고 서약한 차량에만 통행을 허용하는 것이 분명

했다.

물류센터와 시멘트 공장 지대를 지나는 길에 트롤리도 적지 않았다. 좁은 차도에서 왜 그렇게 질주하는 건지, 큰 차들이 지나갈 때면 몸이 휘청거린다. 중심을 잃고 바퀴로 빨려 들어갈까 봐 아찔했다. 중세시대 순례자 코스프레는 고사하고 로드킬을 피하기 위해 정신을 바짝 차려야 하는 신세다. 민첩한 보행자로 무장하지 않으면 객사를 면하기 힘들다.

자동차 도로를 벗어났나 했더니 화살표가 기차역으로 향하며 철로 방향을 가리킨다. '뭐지? 설마 기차를 타고 가라는 건 아닐 테고….' 당황스러웠지만 고지식하게 화살표를 따라 철로를 엉금엉금 넘는데, 날아드는 사람들의 시선에 얼굴이 따끔거렸다. 전등만 하게 커진 사람들의 눈이 일제히 나를 향하고 있었다.

"까미뉴 데 산티아고(Caminho de Santiago)~"

지금 산티아고 순례 중이라고요, 그렇게 알아듣기를 바라며 외쳤다. 몇몇 사람들이 나를 향해 커다란 무지개를 그리듯 팔을 젓는다. '아… 저건 또 무슨 뜻이란 말이냐.' 난감해 하고 있는데 어제 숙소에서 만난 필립의 목소리가 들렸다.

"재희야, 저어어쪽에 계단이 있어. 위험하게 철로로 가면 어떻게 해?"

무모하고 한심하다고 혀를 차는 사람들의 목소리가 들리는 듯하지만, 내 행동은 순례자로서 지극히 자연스럽고 당연한 것임을 밝혀 두겠다. 어디서든 가장 정확한 이정표는 화살표이므로 의심하지 말고 화살표를 따르라는 원칙이 이 길에는 있었단 말이다. 엄연한 믿음은 그날 깨졌다. 이후로도 여러 번 기차 길로 향하라는 표식을 만났다. 화살표 방향을 따라 가봤자 때로는 길도 없었다. 포르투갈 까미노에서 화살표는 방향을 알려주기는 했지만, 많은 경우 상상력과 추리를 동원해야 했다. '아무 생각 없이 그냥 걷기만 하면 된다.'는 기대가 어긋나고 있었다.

솔직히 이번에는 가볍게 즐기면서 편하게 걸을 생각이었다. 지난 순례길에서 가장 절실했던 교훈은 '짐은 그냥 짐일 뿐'이라는 것이다. '버려야 하느니라, 버려야 사느니라.' 하고 외치며 배낭 무게를 줄였던 생생한 기억에도 불구하고 필요한 것을 꼼꼼히 챙겨 꽤 무거운 배낭을 꾸려온 데는 나름의 속셈이 있었다. 말하자면 '배달 서비스'를 이용할 작정이었다. 숙소에서 숙소로 배낭을 옮겨주는 데 4-5유로 정도만 내면 가능했다. 프랑스 길 까미노에서는 적지 않은 사람들이 그 서비스를 이용했다. 첫 번째 순례에서 나는 어떤 요령도 피우지 않고 고행의 원칙을 그대로 지키며 걸었으니까, 이번에는 나도 적당한 숙소를 예약하고 배낭은 배달시키면서 순례보다는 가벼운 걷기 여행을 할 생각이었다. 계획은 그랬다. 까미노 마을에 은행이 흔하지 않음을 알기에 숙박과 식비 외에 배낭을 배달시키는 데 쓸 비용까지 더해 평생 가장 많은 현금을 환전했었다. 얄궂은 운명은 내가 두둑하게 현금 부자로 시작한 여행을 덮쳐 포르투갈 도착 몇 시간 만에 나를 알거지로 만들었다. 예약하려면 크레디트 카드 번호가 필요했는데 신용카드는 모두 도난 신고한 상태라 숙소 예약마저 할 수 없게 되어 버렸다. 게다가 믿었던 '배낭 배달 서비스'조차 여기서는 아예 개념도 없다. 포르투갈 길의 순례자 수는 프랑스 길에 비하면 10분의 1도 되지 않는다. 몇 명 되지도 않는 순례자를 위해 배낭 배달 서비스를 운영하는 회사가 있을 리가 없다. 정 필요한 경우라면 수십 유로 택시비용을 지불하고 보낼 수는 있을 것이지만, 이름도 다정했던 동키서비스, 배낭과 가방 옮겨주는 서비스는 포르투갈 까미노에 없다. 꼼짝없이 이전보다 더 무거운 배낭을 그대로 짊어지고, 어디까지가 될지 모를 다음 목적지를 향해 걸어야 했다. 이런, 진짜 운명의 순례자가 되어버렸다.

오늘은 '무작정 따라 걸으면 안 되는 화살표'마저 받아들여야 한다. 어쩌겠나? 계획한 대로 되지 않는 인생처럼 마음먹은 대로 흘러주지 않는 것이 순례임을.

9월 중순이 가장 걷기 좋을 때라고 하더니 이상기온으로 한낮은 37도가 훌쩍 넘었다. 2시부터는 살갗이 녹아내리는 고온이다. 마음먹고 서둘러 새벽달과 함께 숙소를 나왔다. 오늘은 점심때쯤 걷기를 멈출 수 있을 것이다. 해가 뜨기 전 하현달 꽁무니에 매달린 별을 바라보며 걸으면 어느새 아찔하게 아름다운 일출이 시작되었다. 맑고 붉은 얼굴을 드러내며 해가 떠오르는 순간 알 수 없는 허전함이 느껴졌다. 뭉클하기까지 했던 허전함, 그것은 일출 때문만은 아니었다.

'그러면 그렇지!' 헐레벌떡 시원한 아침 기온이 무색하게 땀을 흘리며 뒤돌아 뛰어야 했다. 새벽부터 서둘러 나온다고 허둥대다 신발장 옆에 세워둔 워킹 스틱을 그냥 두고 온 것이다. 땀에 범벅이 되도록 뛰어 숙소로 돌아왔지만, 몇 안 되는 순례자들은 모두 나간 듯했고 문은 닫혀있었다. 꼼짝없이 주인이 나타날 때까지 기다리는 수밖에 없었다.

"아무도 안 계세요? Anybody there?"

벨을 눌러보고 두 손으로 문을 두드리기도 했다. 친절한 주인 여자를 떠올리며 텔레파시를 보냈는데, 내 텔레파시를 받은 이는 엉뚱하게 숙소 앞 카페 주인이었다. 문을 열어준 카페에서 아침식사를 마치고 커피에 리필까지 한 잔을 더 마셨을 때, 그제서야 화장을 곱게 마친 아주머니가 나타났다. 이미 해는 중천까지 떠올라 달구고 있었다.

다음은 짐작할 수 있는 그대로다. 정신이 아득해지는 열기에 살갗이 다 녹아 사라지지는 않았는지 가끔 만져보며 걸었고, 급기야 한 달 내내 비를 맞았던 프랑스 길이 그리워 눈물이 났다. 쩔쩔 끓는 하늘을 이고 어마어마하게 지루한 산업지대를 건너며 이러다 일사병으로 쓰러질지도 모른다는 생각을 하고 있었는데, 그때 헹크(Henk)가 나타났다. 땡볕 아래서도 시원한 웃음을 짓던 그는 거짓말처럼 자신의 보냉통에 얼음물을 가지고 있다며 내게 건넸다. 잊고 있었다. 까미노에는 천사가 있다는 사실을!

까미노에는 천사가 있다. 암스테르담에서 온 헹크는 이번 까미노에서 처음 만난 천사다. 하루에 40km는 너끈히 걷는 헹크에게 하필 그날 아침에 바로 처리해야 할 일이 있었단다. 업무 통화가 길어져 늦게 출발했다며 웃었다.

"오늘은 이미 늦었잖아. 아예 여유 있게 걷기로 맘을 비웠어."

새벽부터 두 시간여 거리를 왕복하느라 허둥거리고 아무 준비가 없던 내게 나타난 천사 헹크는 챙겨온 얼음물을 건네고 길동무가 되어주었다. 식당은커녕 휴게소도 벤치도 하나 없는 길, 햇볕의 열기로 아스팔트를 끓이는 시간이라 걷는 사람이 아예 없었던 25km 구간을 헹크와 함께 걸었다. 식물 종자 기업에서 근무하는 헹크는 길에서 자라는 풀과 열매에 대해서도 잘 알았다. 와일드베리(wild berries) 열매를 따서 먹으라고 건네주며 이끌어준 헹크 덕에 죽지 않고 걸었다. 만나야 할 사람은 반드시 만나고, 필요한 것은 반드시 나타나는 순례의 마법이 작동을 시작한 모양이다.

태어나서 가장 시원하고, 세상에서 제일 맛있는, 사람을 살리며, 울고 싶을 만큼 행복하게 해준 맥주를 마셨다. 38도가 넘는 열기에 아스팔트 복사열이 작열한 도로 25km를 걷고, 숙소를 찾아 헤매다가 죽기 전에 마신 사그레스(Sagres)였다. 푸짐한 순례자 메뉴 저녁식사를 시작하기도 전에 맥주 두 병에 두 개의 에그타르트까지 먹어치우고 나니 그제야 정신이 들었다. 오늘, 극적인 탈진을 대가로 몸으로 얻은 교훈이 있다.

아침의 침착한 10분은 그날의 10시간을 결정한다는 것,

맥주는 죽도록 고생한 후에 마셔야 한다는 것,

순례자 메뉴로 푸짐한 저녁을 먹고 나면 시체였던 사람도 말을 하고 웃을 수 있다는 것.

관광객에게는 필요한 게 많지만, 순례자에게는 무조건 감사하는 능력만 있으면 된다(Tourist demands, Pilgrim thanks).

까까와 꽃길, 오로지 꽃길만 걷는 법

"까까, 오 까까, 까까, 까까."

후안(Juan)은 얼핏 하비에르 바르뎀을 닮은 남자였다. 5일째 되는 날, 산타렘(Santarem)으로 향하는 길에서 앞서거니 뒤서거니 하며 그를 처음 봤다. 배낭 속에 넣어둔 물이 끓어 넘칠 지경으로 태양이 뜨거운 날이었고, 하필 그의 머리 스타일마저 영화 「노인을 위한 나라는 없다」의 살인마, 안톤 시거와 비슷했다. 한적한 길에서 마주쳤을 때 공연히 등골이 오싹했는데, 그는 절박한 표정으로 연신 '까까'를 찾는다. 내 조카가 유난히 좋아했던 우유맛 곰돌이 까까, 달콤한 과자가 떠올랐다.

'까까나 먹으면서 뒹굴뒹굴 하고 있으면 얼마나 좋아….'

그런데 이런 생각을 하며 달달한 까까를 떠올리기엔 마주한 하비에르, 아니 후안의 표정이 너무 울그락불그락이다.

"이건 길이 아니야. 안 그래? 완전히 까까라구!"

그야말로 까까둥절. 자꾸만 까까라니 대체 무슨 말인가 했는데 까까는 그러니까 그 '까까'가 아닌 것이다. 까까는 내가 떠올린 아이들 과자와는 달라도 너무 다른 것을 지칭하는 명사였다. 까까(caca)는 스페인어로 '똥'이다.

"발에 온통 물집이야. 나는 프랑스 길, 북쪽 길, 은의길 다 걸었다구. 이번이 네 번째 순례인데 이번에 처음으로 물집이 잡혔어."

며칠 지나온 공장 지대와 갓길도 없는 자동차길, 시멘트와 커버스톤으로 이루어진 포장도로가 걷기에 빵점이라고, 순례길로 불릴 자격이 없다고까지 한다. 화가 난 후안의 눈이 바르뎀 스타일로 튀어나올 듯 이글거렸다. 갑자기 배낭을 풀어 내렸을 때, 설마 저기서 산소통이라도 꺼내는 건 아닐까 걱정스러웠다.(「노인을 위한 나라는 없다」 영화를 보지 못한 분을 위해 설명하자면, 영화에서 안톤 시거는 총 대신 산소통을 사용한다.) 여튼 이건 농담이고, 후안은 말릴 새도 없이 생성된 지 좀 오래된, 커다란 흙더미처럼 보이는 똥을 채 발견하지 못하고 그 위에 철푸덕 주저앉았다.

"오오오, 잠깐만!"

늦었다. 그가 까까 위에 앉았다는 말을 했다가는 정말 산소통을 꺼낼지도 모를 일이다. 나는 먼저 가겠다고 하고 평소보다 빨리 걸었다.

"봉 디아, 봉 까미뉴((Bom Dia~ Bom Caminho 안녕하세요~ 순례길 잘 걸으세요, 라는 인사말)."

개를 데리고 걷던 여자가 친절하게 인사를 건넸다. 포르투갈에 와서 놀란 것 중 하나는 정말 개가 많다는 사실이다. 법으로 집집마다 모두 개를 키우도록 의무화한 것은 아닌지 의심했을 정도다. 그렇지 않고서야 어떻게 집집마다 개를, 그것도 두세 마리씩 키우는가 말이다. 지금 여자 손에 목줄을 잡힌 개는 온순해 보였지만, 처음 포르투갈 마을에 들어섰을 때 집마다 키우던 개들에 혼비백산했던 기억이 생생하다. 당장 담을 넘겠다고 뛰어 오르며 무섭게 짖어대는 개들, 마을에 있는 개들은 모두 다 숨이 넘어가도록, 귀를 찢어놓을 듯 짖었다. 미용을 하고 주인의 품에서 애교를 부리는 반려견만 보다가 이빨 사이로 허연 침 거품을 무는 개를, 그것도 바로 옆에서 목도한 순간의 공포는 말로 표현하기 힘들다.

"봉 디아~ 오브리가다(Obligada 고맙습니다)."

두려웠던 기억을 애써 덮으며 나는 여자와 그녀의 개를 향해 번갈아 미소를 건넸다. 순간 거대한 온순견은 나를 바라보면서 대범하고 시원하게 용변을 쏟아냈다. 여자는 그녀의 믿음직한 견공이 새롭게 쏟아내는 까까를 침착하게 바라보면서 차분하고 예의 바른 미소를 지었다. 그러더니 내게 손을 흔들어 인사를 하고 돌아서 갈 길을 가는 것이 아닌가. 당황하는 쪽은 나였을 뿐, 그녀에게는 단 한 순간의 망설임이나 어색함이 없었다. 똥을 치워야 한다고 생각하면서도 그냥 가는 사람이었다면 감출 수 없었을 어떤 머뭇거림이나 주저함이 아예 없다. 당당하게 인사를 남기고 천천히 걸어가는 여자를 보면서 모든 의문이 풀렸다. 순례길에 널려있는 까까는 이런 식으로 생성되어 유지되는구나! 길에는 온갖 종류의 생물들이 생성한, 길에서 제법 오랜 시간을 보낸 까까와 지금처럼 새로이 보충되는 까까가 뒹굴고 있는 것이다. 후안은 순례길이 걷기 나쁘다는 불평의 은유로 '까까(똥)길'이라고 말한 것이지만 포르투갈 길에는 실제로 똥이 많았다.

"꽃이 어쩌면 그렇게 많을까? 정말 아름다워. 걷는 게 이렇게 행복할 줄 몰랐어."

지붕과 담장을 넘고 대문과 골목을 이어 늘어트린 모양으로 피어있는 꽃을 나도 봤다. 남루한 집, 반듯한 저택 할 것 없이 유난스레 꽃이 많았다. 그런데도 그레이스(Grace)가 꽃을 말하기 전까지 우리는 저녁을 앞에 두고 종일 걸어야 했던 위험한 찻길과 똥을 치우지 않는 사람들에 대해 불평하고 있었다. 우리 모두 같은 길을 걸었는데, 그녀는 똥이 아니라 꽃을 본 것이다. 오로지 그레이스만 꽃길을 걸어왔다.

순례길이 처음인 그레이스에게 자동차가 쌩쌩 달리는 차선을 따라 걸은 것은 신나는 모험이었다. 너무 위험해서 두려웠다면서도 눈을 반짝였고, 한 조각 불만이 없다. 후안이나 나처럼, 이미 한두 번 순례길을 걸었던 사람들처럼 까미노는 어째야 한다거나 저래야 한다는 둥 불평하지 않았고, 물집이 잡혀 아프다고 코를 찡그리면서도 그녀는 길을 탓하지 않았다. 길은 이미 있었고, 걷기로 한 사람은 우리 자신이니까.

"유럽 최고의 방범견이야. 이렇게 열정적으로 짖는 개들은 처음 봤어. 하하하."

별다른 보안 시스템을 갖추지 못한 동유럽 국가들이 그렇듯 포르투갈에서도 개는 지키고 보호하는 역할을 맡고 있다. 다정한 애완견, 반려견에 익숙한 것이야 외지인들 사정일 뿐 개가 사납게 짖는다고 불평할 수는 없는 일이다. 남의 나라에 와서 자기 마음대로 걷고 있으면서 그 나라 사람들, 그들의 방식에 대해 자기들 잣대로 이러쿵저러쿵 하는 것이야말로 돼먹지 못한 일이 아닌가.

포르투갈 걷기 첫째 주를 지내고 보니 이 땅에서 가장 많은 것 세 가지는 개, 똥, 그리고 꽃이다. 지천에 깔려 있으니 노력하지 않아도 저절로 보이고 기억에 새겨지겠지만, 셋 중에 내가 집중할 것을 선택할 수는 있을 것이다. 개나 똥이어야 한다는 의견도 있을지 모르지만, 난 꽃에 집중하기로 했다. 마음에 두면 보이는 법이니까. 꽃을 마음에 품는 것 말고 꽃을 잘 볼 수 있는 방법은 없고, 꽃을 보는 것 말고 달리 꽃길을 걷는 법은 없으니까.

소주를 마시고 삼겹살을 굽는 사람들

산타렘(Santarem)의 포르타 두 솔(Porta do Sol) 전망대에서 에즈라(Ezra)를 만났다. 테주 강을 내려다보는 동쪽 절벽 요새에서 서로 사진을 찍어주면서 말을 텄다. 피렌체 출신인 그는 프랑스 길을 걷고 산티아고에서 포르투까지 이어 걷는 중이라고 했다. 포르투갈어를 할 줄 아는 에즈라가 적혀있는 안내문을 읽고 해석해준 덕분에 산타렘 구석구석 쌓여있는 역사 속 이야기를 상상하며 걸었다. 작은 순례 마을일 뿐이라고 생각했던 산타렘은 유럽 고대 역사로 거슬러 오르면 수많은 민족과 문화가 켜켜이 쌓여있었다.

"게르만계 루시타니인, 페니키아인, 그리스인, 로마인, 비시고트인, 아랍

인도 살았어. 기독교 세력이 이베리아 반도에서 이슬람을 몰아낸 국토회복 운동 알지? 산타렝이 포르투갈 레콩키스타(Reconquista)의 중심이었대."

산타렝을 흐르는 너른 강과 넘치는 햇살로 평원은 풍요롭다. 천연 요새 지형이라 군사적으로도 요지였음이 분명하다. 여러 민족의 서로 다른 문화의 흔적을 쉽게 찾아 볼 수 있는 산타렝에는 기독교에 얽힌 전설도 많았다. 지명부터 성녀 이레네(Santa Irene)에서 유래한다.

"귀족이었던 이레네는 독실한 신자였어. 수녀가 되려고 했대. 문제는 가정교사를 하던 수도사가 그녀에게 흑심을 품은 거야. 이레네를 유혹해서 범하고 차지하려다 실패하자 수도사는 거짓 소문을 퍼트렸어. 그녀의 행실이 나쁘고 누가 아버지인지 모를 아이까지 임신한 상태라고. 자기 거짓말이 들통 날 조짐이 보이니까 이레네를 죽이고 시체를 강에 버렸대."

버려진 이레네의 시신은 강물에 떠내려 와 한참 후에 이 지역에서 발견되었다. 세월이 많이 흐른 후였지만 시신이 전혀 상하지 않았다고 한다. 뒤늦게 사건의 전모를 밝히게 된 후 이레네를 성녀로 칭하게 되었고 그때부터 지명을 상타 이레네(Santa Irene)로 불렀는데, 발음이 변하면서 산타렝이 된 것이다.

산타렝을 구석구석 돌아본 날, 함께 저녁을 먹다가 에즈라는 할 얘기가 있다고 하면서도 한참을 망설였다. 지금부터는 그 얘기를 해야겠다. 그날의 에즈라처럼 나 역시 망설여진다. 행복하고 즐거웠던 얘기, 축복받은 이야기도 넘치는데 들어 불쾌한 얘기를 굳이 할 필요는 없지 않을까 싶어 고민했다. 좋은 얘기만 하면 모두 편하겠지만 에즈라의 말대로 "아무래도 한국 사람들이 아는 게 나을 것 같아서" 나 역시 꼰대질로 여겨질지 모를 불쾌한 얘기를 꺼내 보려 한다.

"사실 난 한국 사람들 너무 싫었어. 한국 사람들한테 질려서 중간에 순례를 그만두고 돌아갈까 고민했을 정도였어."

다정하고 친절했던 에즈라가 한국 사람인 나를 앞에 앉혀 두고 한국 사람이 싫었다고 말하고 있었다. 순례길에 안티 코리아(Anti-Korea) 정서가 생겼고, 점점 커진다는 말까지 덧붙였다. 에즈라가 프랑스 길 까미노에서 겪었던 일은 '한국 단체 순례' 아니 순례를 빙자한 무례하고 개념 없는 단체 관광객의 이야기다.

"한국 사람들이 단체로 알베르게(Albergue 순례자 숙소)에 몰려왔어. 스무 명쯤, 아님 더 많았던 것 같아. 그렇게 많은 사람이 한 팀으로 알베르게에 묵는 것을 본 건 그날이 처음이야. 닭을 삶는 한국 요리를 한다면서 주방을 다 차지하더니 조리 순서를 기다리고 있는 다른 순례자들은 아랑곳하지도 않는 거야."

다음날 나눠 가질 간식이라면서 달걀과 감자를 수십 개씩 삶았고, 사람들은 팩에 들어있는 술을 마셨다고 했다. 소주였을 것이다. 한국인들은 소등 시간이 지난 후에도 알베르게에서 시끌벅적 늦게까지 즐겼다. 조용히 해달라는 말을 여러 번 반복해야 했다며 에즈라는 고개를 절레절레 저었다.

순례길을 걷는다는 것은 일반 관광이나 여행이 아니다. 산티아고 가는 길은 파울로 코엘료의 『순례자』 이후 유명해졌고 유럽에서 가장 인기 있는 도보 여행이 되었지만, 관광이나 유명한 트래킹 코스를 걷는 것과는 다르다. 2017년에 30만 명, 해마다 수십만 명이 넘는 사람들이 찾아오는 곳이라 해도 까미노로 불리는 순례길은 육체적 정신적 변화의 체험을 소망하는 사람들의 길이다. 개개인들의 걷기 성소인 셈이다. 많아야 둘, 셋만 넘어도 눈에 뜨일 만큼 대부분 순례자는 혼자 걷는다. 혼자 걸으면서 다른 순례자를 만나고, 같은 길을 걸으며 비슷한 고난을 겪는 처지의 사람들이 서로 교감하고 배려하는 것이 순례길의 문화이자 전통이다. 수십 명이 몰려다니는 순례자들이라니 상상할 수가 없었다.

나도 지난번 순례 마지막 구간에서 단체 순례자들을 본 적이 있다. 순례 증명서를 받을 수 있다는 최소 거리 100km 지점에 맞춰 사리아(Sarria)에서 출발한 사람들이었다. 여행사를 통해 숙소를 예약하고 배낭도 따로 보내며 가볍게 걸었는데, 그 미국 단체는 순례자 숙소가 아니라 호스텔이나 호텔을 이용한다고 했다.

하루 종일 걷고 피곤한 몸으로 들어간 숙소에서 그런 단체를 만난다고 생각만 해도 불쾌하고 울고 싶은 심정이었다. 알베르게는 도착 순서로 베드를 지정받는다. 미리 예약을 받지도 않는 시스템인데 어떻게 그 많은 인

원이 들어갔는지 의문이다. 알베르게에 있는 두어 개 조리대를 순례자는 서로 양보한다. 같은 처지의 순례자를 배려하고 존중하는 문화가 기본이건만, 도대체 어쩌자고 '끔찍하고 무례한 한국인' 소리를 듣고 순례길에 안티코리아가 생기게 한단 말인가? 단체 여행객이라면 가이드는 있었을 텐데,

그렇게 행동하게 내버려 두었다는 사실에 화가 나고 슬펐다.

"한국 사람들 피하려고 다음날 무리해서 30km 넘게 걸었는데, 거기서 또 다른 한국 단체를 만났지 뭐야. 내가 들어간 알베르게는 이미 그 사람들 차지였어. 옮기려고 다른 곳을 알아봤는데 사정은 비슷하다는 거야. 악몽이었지. 그날도 주방은 한국 사람들만 사용했어."

얘기를 들어보니 저녁 내내 삼겹살을 구웠던 것 같다. 숙소에 돼지고기 냄새가 빠지지 않았다고도 했다. 에즈라는 그날 이후 몇몇 사람들끼리 연락하면서 한국인들이 묵는 숙소가 어딘지 알아내 피해 다녔다고 했다. '한국인이 없는 마을'을 찾아 때로는 몇 킬로미터씩 더 걸었다는 말은 나를 아득하게 만들었다.

순례길은 단체로 떠들썩하게 먹고 마시며 걷는 길이 아니다. 그럴만한 길은 세상에 많다. 마음이 맞는 사람들끼리 자유롭고 신나게 즐길 수 있는 길이 얼마든지 있는데, 굳이 산티아고 길로 가는 이유가 무엇인지. 왜 그 길을 걷고자 하는지. 전체를 며칠 만에 주파했다느니 하는 속도 경쟁을 하는 사람들에게는 빨리 간다고 칭찬받는 곳도 아닌데 왜 하필 산티아고 길이냐고 묻고 싶다. 고요하게 숨 쉬듯 걷기를 원하는 사람들, 삶에서 마무리하지 못한 질문에 대한 답을 찾아 걷는 사람들을 방해하는 것이고, 정작 본인도 편하지 않고 불편할 터인데 말이다.

겨우 한 사람에게 들은 말로 전체를 싸잡는 것은 아니다. 에즈라에게서 뿐 아니라 이후에도 여러 번 유사한 목격담과 피해담을 들었다. 그때마다 무참한 기분이었다.

여행이란 익숙함으로부터 떠나는 것이 아닌가? 나에게 여행은 나를 벗어나고 생각을 벗어나고, 자발적으로 안락함을 떠나 경계를 넘는 즐거움이다. 똑같은 생각을 하고, 같은 것을 먹고, 불편과 수고를 감당하지 않으려면 세상에서 집이 최고다. 더군다나 순례길 걷기는 스스로 불편을 택하고 사서 하는 고생이며 그 불편과 고난 자체가 보상인 여행이다. 그저 색다른 여행, 너도 나도 다 간다니까 한번쯤 나도~ 라는 마음이라면 산티아고에 가지 마시라. 길은 불편하고 유쾌하지 않을 것이고, 마주치는 이들에게 당신도 그러할 것이니까.

언젠가 이 팬데믹이 끝나면 내가 제일 먼저 다시 가고 싶은 곳이 산티아고 길이다. 죽기 전에 딱 한 곳을 고르라고 해도 나는 그 길을 꼽을 것이다. 아름다운 이야기, 감동을 안겨준 시간으로 가득한 산티아고 길이건만 굳이 불편한 얘기를 하고야 말았다. 안티 코리아 소리는 듣고 싶지 않은, 나도 한국 사람이기 때문이다. 산티아고 길에서 돌이켜봐도 믿을 수 없을 소중한 기억을 얻고 체험한 사람으로서 그 길과 길을 찾는 사람들 모두를 아끼고 감사하고 싶다. 주저하는 마음에도 지면을 빌려 얼굴을 붉히고야 말았다.

빗속에서 함께 비를 맞는 마음

길을 잃었다. 도저히 길을 잃을 이유라고는 없는 곳이었다. 화살표를 확인했고 제대로 걷고 있다고 생각했는데, 느닷없이 끝이 보이지 않는 토마토 밭이다. 길은 없고 화살표도 없고 구글신마저 응답이 없다. 휴대폰을 껐다가 켜고 모래시계만 돌리는 지도앱을 지웠다가 재실행하기를 반복했지만 소용이 없다. 마지막으로 화살표를 봤던 지점까지 돌아가려면 족히 한 시간은 넘게 걸릴 텐데, 이미 뙤약볕 아래 2시가 넘었다. 「북북서로 진로를 돌려라」 히치콕 영화 제목을 떠올리며 방향만 잡고 길을 만들며 가기로 했다. 배운 대로 하는 수밖에. '길이면 길이지 차도 인도 따로 있냐.'면서 갓길 없는 차도로 인도했던 화살표의 기억을 되살려 아득히 펼쳐진 토마토 밭을 가로질렀다.

사람들은 대체로 소질이 있거나 잘하는 것을 즐겨하지 않나? 어쩌자고 나는, 지도를 돌려가며 읽는 수준의 방향치인 데다, 세상에서 제일 무서워하는 세 가지 중에 하나로 무거운 것을 꼽으며 '표지판 지나치기' 특기자로 툭하면 길을 잃으면서 왜 하필 이런 도보 순례를 좋아하느냐 말이다. 12kg 배낭을 메고 뙤약볕 아래에서 밭이랑을 넘는 점프를 수백 번 아니 수천 번 반복하면서 이런 진지한 반성을 했던 것 같다.

오늘의 목적지 아징야가(Azinhaga)는 『눈 먼 자들의 도시』를 쓴 주제 사라마구(José Saramago)의 고향이다. 영화를 본 후 책을 찾아 읽고 받았던 충격은 지금도 생생하다. 어떤 문장은 페이지를 넘었다. 내가 질색하는 만연체에 서술이나 직접 대화, 간접화법조차 구분하지 않고 쓰인 책인데, 끝까지 속도감과 긴장이 거침없었다. 포르투갈이 낳고, 포르투갈에서 추방시킨, 포르투갈에 애증의 대상이던 노벨상 수상작가 주제 사라마구가 태어난 곳으로 가는 것이다.

"아징야가? 거기 가봐야 볼 것도 하나 없어."

하루를 쉴만한 가치가 없다고들 했다. 그건 누가 정하는 거지? '볼 것'이나 '구경할 가치'를 정하는 기준은 딱하지만 그저 유명세인 경우가 많다. TV에 나온 곳, 소셜 미디어에 인증샷을 올리면 알아봐 주는 곳, 누군가 '죽기 전에 어쩌고' 리스트에 올린 곳, 심지어 어떤 연예인이 찾아간 카페 등등. 공허한 유명세에 따를 마음이 없는지라 전세계 말의 수도라고 불리며 해마다 세계 최고의 명마 루시타노 페어가 열리는 골레궁(Golegã)으로 가는 대신 주제 사라마구의 생가가 있는 마을 아징야가를 택했다. 더 가깝기도 했다. 길을 잃고 헤매는 바람에 이미 땅바닥으로 뿌리내리기를 시작한 내 다리에도 합당한 선택이었다.

한 여자는 울고 다른 여자는 말없이 먼 곳을 보며 1초에 한 번씩 눈을 껌뻑였다. 우는 여자는 계속 무슨 말을 했는데 불어였다. 고등학교 때 1년간 제2외국어로 배운 나의 불어 수준은 딱 여기까지다. '불어다!' 하고 알아차릴 수 있는 정도. 당연히 내용은 알아듣지 못했지만, 그것이 원망이나 비난이라는 것쯤은 알 수 있다. 말 그대로 '울고불고' 계속하는 여자 엘카(Elke)와 말없이 앉아 눈을 껌뻑이던 여자 그레타(Greta)를 아징야가의 카페에서 만났다.

"이렇게 덥고 힘든데 왜 걷는 거야? 더 이상 못 가겠어."

그레타는 힘이 넘치는데 엘카는 걷기가 힘들다. 둘은 40년지기 친구라고 했다. 엘카는 그레타가 자기 짐까지 모두 들으려 한다며 짜증을 냈다. 그레타가 너무 빨라 도저히 보조를 맞추지 못하겠다며 코가 빨개지도록 울었다. 다 큰 어른이 얼마나 힘들면 저럴까 싶으면서도 엘카보다는 친구 그레타가 안쓰럽다. 왠지 나는 저렇게 대놓고 우는 사람이 무섭다.

"병원이나 약국이 있겠지 했는데 없네요. 약 가져오는 걸 잊었어요."

그레타는 막막한 표정이다. 내게 약이 있다. 있다 뿐인가. 아주 많다. 배낭에서 소염진통제를 찾아 엘카에게 먹이고 붙이는 파스도 넉넉히 나눠 주었다. 그레타는 움직이지도 못하겠다는 엘카를 일으켜 세우고 그녀의 배낭을 자기 것에 묶어 멨다. 두 사람도 골레긍으로 가지 못하고 아징야가에서 나와 같은 까사(Casa 우리나라의 고급 민박이라고 보면 된다)에 묵기로 했다.

"배낭은 내가 들 테니 넌 걷기만 하면 돼."

"아니. 난 이제 못 가겠어. 싫어. 그만 집으로 갈래."

"다 온 거야. 파티마까지는 이틀만 가면 되는데 포기하지 말자."

그레타는 저녁을 먹는 동안 엘카를 달래며 용기를 주려 했는데, 엘카는 고개를 저었다. 나 역시 약을 먹고 푹 자면 다 나을 거라고, 내일이면 거뜬할 거라고 할 수 있다며 엘카를 다독였는데 엘레나(Helena)가 끼어들었다. 엘레나는 우리가 묵는 아징야가 숙소 주인이다. "오늘은 저녁 하기 싫다." 고 선언하더니 자기가 좋아하는 레스토랑으로 가자고 했다. 요리를 할 기분이 아니라며 운전해서 20분이나 걸리는 식당으로 우리를 데려왔다. 숙박 요금에 포함된 식사비용으로 감당하기엔 비싼 곳이었는데, 엘레나는 그날 요리하지 않을 자유를 위해 우리에게 비싼 저녁을 대접했다.

"본인이 못 걷겠다고 하잖아요. 자꾸 할 수 있다고만 하지 말아요."

엘레나는 나와 그레타를 엄한 눈빛으로 꾸짖듯 바라보더니 엘카의 어깨에 손을 얹고 말했다.

"엘카, 안 걸어도 돼요. 이건 당신의 길이에요. 걷지 않는 것도 당신 선택이에요.”

힘들다는 사람에게 힘내라는 말은 위로가 아니라 폭력일 수도 있다. 힘내라고 하지 않고 힘낼 필요 없다고 말하며 엘레나가 편을 들자 엘카는 눈물보를 터트리며 마음을 풀어놓았다.

“언제나 뒤처지는 게 너무 싫어. 그레타 너는 내 배낭까지 다 짊어지고도 펄펄 날잖아. 난 아무리 노력해도 허덕허덕 따라가기 바쁘다구. 나는 힘든데 친구는 늘 힘이 넘치니까 같이 걷는 게 아니라 끌려가는 기분이야. 계속 미안하다는 생각이 드는 것도 지겹고 힘들어. 이제 못 참겠어.”

엘카의 짐을 대신 메고 힘든 내색 없이 이끌어준 친구에게 엘카가 너무한다고 생각했다. 그레타가 서운해 하지 않을까 싶었는데 오히려 그동안 엘카의 마음을 몰라서 미안했다며 고개를 숙였다. 자기 옆에서 늘 처지고 모자란 기분이었다는 친구에게 자기가 잘못했다고 목멘 소리를 하는 바람에 우리는 모두 찔끔거렸다. 처음 만나 겨우 몇 시간을 보낸 사람들이 어떻게 다 같은 마음이었는지 모르겠다. 그날 노을은 젖은 하늘에 불을 지른 듯한 그림이었다. 너무 아름답던 저녁노을 때문일 수도 있고 함께 나눈 와인 덕분일지도 모르겠지만, 내 생각인데 이건 순례길에서 받는 선물이다. 어떻게 생겨나는지 설명할 수 없지만, 이 길을 걷는 동안 사람들은 잃어버렸던 보들보들한 마음을 찾게 된다. 비를 맞는 친구 곁에서 함께 비를 맞는 마음, 우산을 들어주는 대신 기꺼이 빗속으로 들어가 함께 비를 맞아주는 마음 말이다. 그날 일기 끝에 나는 신영복 선생님 말씀을 적어두었다.

'돕는다는 것은 우산을 들어주는 것이 아니라 함께 비를 맞는 것입니다.'

템플 기사단의 성지, 토마르

아징야가에서 아딸라야(Atalaia)까지 걸었던 날은 내가 생전에 맞이한 날 중 가장 덥고 뜨거운 날이었다. 동원할 수 있는 인내심을 모두 짜내봤지만, 아스팔트와 함께 녹아 내렸다. 내가 그 길에서 기화되어 사라진다고 해도 이상할 것이 없을 그런 더위였다. 17km 남짓 걸었을 때 마을 표지판을 봤고 가장 빨리 들어갈 수 있는 곳에 자리한 호스텔로 피신했다. 흐물흐물해진 몸을 침대에 뉘고 그대로 잠이 들었던 것 같다. 밖에서 내 이름을 부르는 소리를 듣고 깨어보니 햇살이 순해진 이른 저녁시간이다.

"방명록에 네 이름이 쓰여 있는 걸 보고 너무 기뻤어!"

"어떻게 된 거야? 병원에서 치료하고 쉬겠다더니?"

"엘카가 걷겠다고 고집을 피워서 그냥 왔는데… 잘못한 것 같아."

순례를 포기한다고 해서 어제 밤 작별인사를 나눴는데, 한 발짝도 못 걷는다고 했던 엘카가 하루 종일 걸었다는 것이다. 엘카 상태가 더 심각해졌다고 해서 가보니 오른쪽 종아리는 눈으로 직접 보면서도 믿기 어려울 만큼 부어오른 상태다. 무릎부터 발등까지 풍선을 불어 놓은 것처럼 팽팽하고 피부색이 예사롭지 않게 검붉다.

엘카는 겁에 질린 얼굴이었고, 그레타와 나도 겁이 났다. 포르투갈 작은 시골마을에서 토요일 저녁시간에 갈 수 있는 병원은 없었다. 내가 처방받아 가져온 소염제와 항생제를 찾아 엘카에게 주고 숙소 주인에게 물을 끓일 수 있도록 부탁했다. 뜨거운 물수건으로 감싸주고 풀어주기를 반복하는 수밖에 없었다. 조금이라도 세게 누르면 엘카의 다리가 터져버리지는 않을까 말도 안 되는 불안감이 덕지덕지 눌러 붙었다. 그레타와 나는 돌아가며 엘카 다리의 물수건을 갈았다. 무섭게 부어오른 종아리는 보기에도 끔찍할 정도였는데, 다행히 엘카는 고통스러워하지 않았다. 그냥 무언가 안에서 흘러 다니는 느낌이라고만 했다.

"몇 년 전 혈관 수술을 받았어. 많이 움직인 날 좀 붓긴 했지만 금세 가라앉았어. 이번처럼 많이 붓지는 않았는데…."

엘카는 어제보다 침착해보였다. 히스테리에 가까운 큰 소리를 내거나 하지도 않고 조용히 흐르는 눈물을 닦았다. 엘카는 울고, 그레타는 기도하는 사람처럼 수건으로 엘카의 다리를 조심스럽게 닦았고, 숙소 밖 정원에는 마을 사람들이 모여 TV로 함께 축구 경기를 보고 있었다. 연신 맥주가 오가고 사람들은 온몸으로 경기에 환호하고 안타까워하며 북적북적한 토요일 저녁시간을 보내는 모습이었다. 아무 소리도 들리지 않는 음소거 화면으로 엘카와 그레타, 바깥 동네 풍경을 번갈아 보는 사이에 하늘이 어둠을 넘고 깜깜해졌다.

다음날 아침 엘카는 비로소 완전한 포기를 선언하며 희미하게 웃었다. 택시를 불러 병원으로 가는 엘카와 요란스런 눈물바람으로 두 번째 작별을

하고 나는 그레타와 함께 출발했다. 토마르(Tomar)로 가는 길은 아세이세이라(Asseiceira)까지 11km가 넘는 유칼립투스 숲으로 이어진다. 아로마 향을 쏟아내는 유칼립투스 나무가 빼곡한 숲을 걸었다. 모처럼 만난 숲길, 나뭇잎이 쌓인 바닥은 푹신하고 온몸을 피톤치드로 씻어내는 녹색 바람이 불었다. 깊은 숲 속에는 중간 중간 작은 운동장만큼 너른 공터가 나오는가 하면, 왕복 차선을 그릴 수 있을 만큼 넓은 도로가 숲을 가로지르기도 했다.

"벌목해서 이렇게 된 거지? 숲을 이렇게까지 파헤쳐 놓을 게 뭐람."

빼곡한 숲 중간에 나타나는 절개지가 유감스럽다고 했더니 그레타가 손사래를 쳤다.

"화재 위험 때문이야. 혹시라도 불이 나서 숲이 모두 타버리지 않도록 간격을 둬야 해. 소방도로 역할도 하고."

유칼립투스 나무에는 오일 성분이 많다. 천연 방부목으로도 유명하다. 오일 성분이 많은 유칼립투스 나무숲에 자연 발화가 생기면 걷잡을 수 없다고 한다. 역시 아는 만큼만 볼 수 있는 것인지, 그레타 얘기를 듣고 난 후에는 너른 공터에 곳곳에 소화기와 모래 포대가 쌓여 있는 것이 눈에 띄었다.

"우리 많이 왔나 봐. 언덕에 성이 보이네."

그레타가 가리킨 것은 마치 토마르 타운을 내려다보는 듯이 언덕에 서있는 웅장한 그리스도 수도원(Convento de Cristo)이다. 토마르의 상징답게 위용을 자랑하는 성(Castle)은 1160년에 템플 기사단에 의해 세워졌다. 토마르는 템플 기사단의 성지이기도 하다. 도시에 들어오면 어디서든 흰 바탕의 붉은 십자가 문양이 눈에 띈다. 중세를 배경으로 하는 영화에서 흰 바탕에 붉은 십자가가 그려진 망토를 휘날리며 방패를 들고 싸우던 템플 기사단의 상징 깃발이 21세기에도 토마르 곳곳에서 휘날린다.

템플 기사단, 성전 기사단은 1119년에 성전과 순례자 보호라는 명목으로 프랑스에서 처음 생겼다. 200년간 그리스도의 군대를 표방하며 십자군으로 활약하면서 대단한 인기를 얻었다. 지상의 어떤 권력이든 부패하기 마련이고, 또 거대 권력은 견제 세력을 그냥 두지 않는 법이다. 템플 기사단의 세력이 커지고 막강한 부를 축적하면서 제거해야 할 대상이 된 것이다. 십자군 전쟁이 끝나고 정치적 이용가치가 떨어지면서 템플 기사단은 이단 숭배의 누명을 쓰고 1312년 수도회는 폐쇄된다. 기사단의 마지막 그랜드 마스터마저 파리에서 화형당한 후 완전 해체의 길을 걸었지만, 포르투갈에서는 상황이 다르게 진행되었다. 이슬람 세력과 대치하면서 국토회복운동을 벌이는 중이었으므로 기사단이 절실히 필요했던 것이다. 포르투갈은 교황청의 인가를 얻어 템플 기사단의 이름만 그리스도 기사단으로 바꾸고 활동을 계속한다. 대항해 시대의 엔리케 왕자가 기사단 그랜드 마스터가 되었고, 바스코다마 같은 탐험가도 기사단에 속했다. 현재도 포르투갈에서는 대통령이 단장을 맡는 것이 관례가 될 만큼 기사단은 건재하다. 때로 시대

의 운명은 짐작할 수 없는 방향으로 흘러간다. 템플 기사단의 역사는 포르투갈, 토마르에서 이어지고 있다.

시청사와 광장을 지나 수도원으로 올라가는 길이 있다. 12세기부터 18세기까지 차곡차곡 수많은 건축 양식이 섞이고 종교와 예술이 쌓여 개축된 토마르 성 수도원의 웅장한 아름다움에 곧바로 압도되었다. 1983년엔 유네스코세계문화유산으로 지정된 고요하고 아름다운 수도원. 성곽을 통과하고 들어가 몇 겹의 회랑과 정원을 지나면 내부 성전이 나온다. 템플 기사단이 예루살렘의 성전을 본떠서 지었다는 원형 성당은 이제껏 본 수많은 성소 가운데 가장 화려하고 정교하다. 수도원을 돌아보다가 바닥에 앉아 성전을 스케치하는 사람을 만났다. 터키에서 온 순례자라고 자신을 소개한 여인과 얘기를 나누면서 내 마음은 이스탄불로, 템플사제단과 십자군의 중세시대로 날아다니며 한참동안 돌아오지 않았다.

파티마에서 초를 켜다

100년 전 일이다. 포르투갈의 외진 시골마을에 자신이 성모 마리아라고 하는 여인이 나타난다. 세 명의 아이들은 직접 만났다는 여인을 두고 이렇게 말했다.

"어느 곳에서도 본 적이 없는 아름다운 여인, 반짝이는 물이 채워진 수정 유리보다 더 강하고 밝은 빛을 쏟아내는 찬란한 옷을 입고 있었다."

그 여인이 누구냐고 묻는 아이들에게 스스로 성모임을 밝혔다는 이야기는 믿던 믿지 않던 기독교권에서는 실로 유명한 사건이다.

양을 치며 놀던 일곱 살, 아홉 살, 열 살짜리 아이들 셋이 한꺼번에 거짓말을 꾸며냈을 이유가 없는데다 아이들의 진술은 모두 일치했다. '끝자락을 별들로 장식한 드레스'를 입은 마리아가 한 번도 아니고 여섯 번, 그것도 매월 약속한 날짜에 나타났다. 몰려든 수만 명의 군중 앞에서 우주 쇼에 가까운 이적을 일으켰다고도 하는 그곳은 포르투갈의 파티마(Fatima), 바티칸에서 인정한 세계 3대 성모 발현지 가운데 한 곳이다. 명색이 순례길을 걷고 있는데 그냥 지나칠 수는 없지 않은가? 토마르에서 파티마로 향했다.

가난한 마을에서 양치기 하던 아이들, 돌탑을 쌓으며 놀던 아이들 앞에 성모가 나타나서 인류를 위한 계시를 줬다는 신비하고 아름다운 벌판은 없다. 군사 열병식이 벌어지는 광장을 연상시키는 어마어마한 크기의 광장을 중심에 두고 기념품 상점들과 관광객을 위한 호텔과 음식점이 줄을 선 압도적인 종교적 소비 단지다. 물론 100년 전과 같을 수야 없겠지만, 그렇다 해도 저렇게 으리으리하게 지을 필요가 있었을까? 거대한 규모의 교회나 성당을 볼 때마다 번번이 알 수 없는 저항감이 생긴다.

당연한 얘기지만 파티마에는 순례자가 많다. 수십만 명을 한 번에 수용하는 그 넓은 성당 앞 광장을 두 무릎으로 걷는 사람도 적지 않았다. 온몸을 바닥에 붙여 엎드린 채 오체투지 하듯 기도하는 사람도 있다. 신앙심으로 가득한 사람들의 경건한 의식을 지켜보는 동안, 내 마음 속 시니컬은 조금씩 사그라들었다. 잘난체하는 얄팍한 비판 따위는 기도하는 사람들의 애절한 소망 앞에서 무색해지기 마련이다.

절절 끓는 날이었다. 바닥에 맨살이 닿으면 살갗이 벗겨질 것만 같은데 무릎으로 걷고 온몸을 엎드려 기도하는 사람들이라니. 그들 모습 사이에서 십자가 상 앞에서 기도하는 사람을 보았다. 익숙한 뒷모습, 이럴 수가! 엘카다. 3일 전, 아징야가에서 순례를 포기한다며 통곡을 했던 엘카, 아딸리아에서 다시 만나 두 번째 작별을 했는데 파티마에서 또 만난 것이다. 알아채지 못하게 떨어져서 그녀의 기도가 끝나기를 기다렸다. 엘카는 어깨를 들썩이는 듯했고, 한동안 엎드려 일어나지 않았다. 엎드린 엘카를 바라보며 나는 파티마가 수많은 엘카를 위한 곳임을 깨달았다. 나 같은 얼치기 냉담신자나 관광객들이 소박한 성지 분위기를 운운하며 이적이 행해진 장소의 신성함을 구경하는 곳이 아니라, 엘카 같은 사람이 자신의 가장 깊고 가장 여린 마음을 열어 기도하는 곳 말이다.

파티마 광장에 있는 세 개의 성당 중에 가장 작고 유리로 지어진 성당이 성모 발현 장소에 지은 것이다. 파티마를 찾아온 사람들을 위해서 새벽부터 밤까지 미사가 진행된다. 성수기에는 매시간, 비수기에도 하루 수차례 밤까지 미사를 집전한다.

소성당 왼편으로 초를 태우는 곳이 있다. 꼭 신자가 아니라도 계시와 기적의 장소에서 초를 바치려는 사람들이 많아서 줄이 길었다. 엘카와 함께 미사에 참례하고 초를 봉헌하기로 했다. 초를 골라 사고 기다렸는데 한참 후에야 나타난 엘카는 양팔을 가득 초를 안고 있었다.

"욕심쟁이. 무슨 초가 이렇게 많아? 성모님이 소원 다 들어주려면 너무 바쁘시겠다."

대부분 초를 하나 혹은 두 개쯤 들고 있는데 한 아름 초를 안고 나타난 엘카가 특이하기도 했지만, 파티마에서도 계속 눈물을 훔치고 있는 엘카를 놀려서라도 웃기고 싶었다.

"난 사랑하는 사람이 많단 말이야. 가족들, 친구들, 그리고 이건 재희야, 너를 위한 초야."

아 이런 건 반칙인데. 놀리는 사람에게 거꾸로 감동을 주다니. 진심에는 백전백패다. 신앙이 깊은 엘카는 순례길을 걸으면서 사랑하는 사람들을 위해 기도하고 감사하고 싶었다고 했다.

"그런데 아파서 기도는커녕 걷는 내내 원망하고 포기한 후에는 또 포기한 걸 원망했단 말이야."

울보 엘카가 다시 울먹이는 바람에 어깨를 토닥이는데, 그녀가 두 눈에 눈물을 주렁주렁 달고 소근거렸다.

"그런데… 재희야, 이 중에 제일 큰 거, 이게 내 거거든. 그래도 괜찮겠지?"

사랑하지 않을 수 없는 엘카. 엘카는 자기 자신을 일컬어 샘도 많고, 하고 싶은 것도 많은 욕심쟁이라고 했다. 누구보다 늘 자기가 먼저였다며 순례를 할 수 없도록 무릎에 문제가 생긴 것이 자기 욕심 때문인 것 같다고 자책했지만, 난 첫눈에 그녀가 사랑이 많은 사람임을 알아봤었다. 솔직하고 호기심 많고 인정과 사랑이 넘치는 여인.

"안 돼, 엘카. 제일 큰 초는 친구를 위해 양보해야지. 나를 위해 바치겠다고 말해줘!"

엘카는 비로소 웃었다. 소원을 빌고 축복을 구하는 사람들이 봉헌한 초 타는 냄새로 가득한 광장. 나는 100년 전 나타난 성모가 파티마에서 들려준 계시에 대해 생각해봤다. 사람들 말로는 파티마의 성모가 세계 1차 대전이 끝나고 다시 2차 대전이 발생할 것을 예언했고, 러시아-소련에 얽힌 것 혹은 공산주의 종말에 대한 예언을 들려주었다고 한다. 나는 감히 말하건대 겨우 그런 것 때문에 성모가 모습을 나타냈을 리는 없다고 생각한다. 가장 순수한 아이들을 통해 인간에게 나타난 이유, 하늘에서 섬광이 내려꽂힌 떡갈나무 위에 나타난 이유가 기껏 한 시대로 끝날 세상과 사건을 예

언하기 위한 것은 아닐 것 같다. 정말 성모가 직접 나타나야 했다면 그것은 인간에게 시간이 지나도 달라지지 않는 것, 사라지지 않는 것을 들려주기 위해서였을 것이라 짐작해본다. 엘카를 보면서 성모가 보여주고 싶었던 기적은 '다른 사람을 위해 기도하는 마음'은 아니었을까 하고 생각했다. 다른 이를 위해, 사랑하는 사람을 위해 기도할 수 있는 마음. 성모가 인간에게 선물한 가장 크고 아름다운 기적은 사람들이 다른 사람을 위해, 더 큰 사랑을 위해 무릎을 꿇고, 기도하며 초에 불을 붙이는 마음일 것이다. 파티마에서 나도 초를 켰다.

오늘의 삶을
마주할 힘,
딱 그만큼의
기쁨과 힘을

“일은 죽어라 많이 하는데, 수입이 너무 적어요.”

안토니오는 잠시 숨을 고른 후 면장갑을 다시 꼈다. 코르치사(Cortica)까지 걷는 날이다. 버려진 건물처럼 보였던 창고 앞에서 쉬다가 그를 만났다. 스물일곱 살 포르투갈 청년 안토니오는 창고에 쌓여있던 포르투갈 호두, 헤이즐 너트 포대를 트럭으로 옮겨 실었다. 나는 창고가 드리워 준 그늘에 앉아 뜨거운 햇볕을 피해 사과를 먹으며 쉬는 중이었다. 편히 앉아 땀 흘리며 일하는 사람을 구경하는 것처럼 되어버려서 안절부절 마음이 불편했다.

“무거워 보이는데 잘하네요. 몇 개나 실어 가져가야 해요?”

아무리 젊은 친구라고 해도 50kg들이 포대를 나르는 일은 힘들고 무거워 보인다. 포대 스무 개를 모두 올린 후 안토니오는 장갑을 벗고 앉아 숨을 돌렸다.

"너트 가공 회사에서 일해요. 일반사무를 보지만 작은 회사라 운전도 하고 닥치면 다 하는 거죠."

사무직으로 들어간 회사에서 운전도 하고 하루 수 톤씩 무거운 너트 포대를 창고에서 공장으로, 다시 공장에서 시장이나 공급처로 실어 나르는 일도 한다. 한창 젊은 나이 청년에게도 힘든 일이다. 두꺼운 뿔테 안경을 쓰고 마른 몸매를 한 안토니오와 그가 하는 일은 그다지 어울리지 않아 보였다. 도시로 나갔다가 취직이 되지 않아 다시 고향으로 돌아왔다는 안토니오는 이때까지 만난 모든 포르투갈 사람 가운데 가장 유창한 영어로 말했다.

"처음에는 너무 힘들었는데 이제는 요령이 생겨서 괜찮아요. 힘든 건 문제가 아닌데 수입이 변변찮아서 아직 엄마 집에 얹혀 살아요. 그게 한심한 일이죠."

포르투갈의 시골길, 유칼립투스 향이 섞여 보들보들한 바람을 맞으며 사과를 먹는 한국 아줌마에게 안토니오는 하필이면 경제, 청년과 실업률이라는 화제를 꺼내 놓았다.

"포르투갈은 완전 망할 뻔했어요. 2011년에 IMF구제 금융을 받은 거 아세요?"

공식 실업율이 20%에 육박했다니 주변에 일자리를 찾은 친구가 하나도 없었다는 안토니오의 말에 고개가 끄덕여진다. 도시에서 일을 구하지 못하고 방황하며 힘들었던 때에 비하면 그래도 지금은 행복한 편이라고 했다. 낮에는 일반 사무부터 트럭 운전, 5-6톤씩 호두 포대를 나르는 일을 하고 저녁에는 친척의 가게에서 파트타임으로 일하지만 도시에서 구직자로 떠돌던 때를 생각하면 훨씬 낫다는 것이다. 안토니오의 얼굴 위로 내 나라 청년들의 모습이 겹쳐져 마음 한 켠이 아련하다. 한국에서 식민지와 전쟁을 겪은 세대 이후 급속한 산업화가 제공한 성장의 과실을 거둔 사람들도 이제 노년에 속한다. 소위 꼰대가 된 지금 50대는 IMF와 금융위기를 겪었지만 살아남아 '라떼는 말이야'라는 승리의 노래를 부를 수 있게 되었다. 어려움도 있었지만 기회가 함께 놓여있던 시대를 지낸 기성세대와 기회조차 희박한 공기에서 무기력을 견뎌야 하는 요즘 세대를 비교하기는 어렵다. 지금 20대는 역사상 처음으로 부모세대보다 가난한 세대라는 말이 있지 않은가. 내가 죄를 지은 것처럼 미안하고 초조한 마음이다.

"투잡으로 쉬지 않고 일하는데, 한 달에 600유로를 겨우겨우 벌어요."

렌트 비용에 수도세 전기세를 포함해 생활비를 생각하면 도저히 독립할 엄두가 나질 않는다고 했다. 안토니오에게 무슨 말을 할 수 있을까. 쉽사리 위로의 말이 떠오르지 않았다. 너는 젊으니까 힘내, 라든가 앞으로 기회가 있을 테니 좌절하지 말라는 말을 감히 할 수 없다. 이미 자기의 삶에 최선을 다하는 사람 앞에 어설픈 위로나 격려는 불필요하다. 섣부른 말이 오히려 상처를 줄까 봐 조심스러웠다. 무언가 주고 싶어 배낭에 비상식으로 넣

어둔 초코바 봉지를 꺼내 건넸다. 나는 초콜릿과 와인으로 세상의 문제 대부분을 해결해 준다고 믿는 사람임을 이미 밝힌 바 있다(더운 여름날에는 아이스크림과 맥주로). 안토니오는 사양하다가 내가 계속 권하자 몇 개를 집었다. 초콜릿 하나를 입에 넣은 후에야 눈썹에 엉켜있던 긴장을 풀고 웃는다. 그의 짐을 덜어 주지는 못했어도 잠시라도 웃게 만들어 그의 미소만큼 내 마음도 밝아지고 있었는데 안토니오가 말했다.

"초콜릿을 주시니까 저희 할머니 같아요."

"너무 심한 거 아냐? 할머니라니. 엄마랑 비슷하다고 하면 몰라도…."

“아니 그런 뜻이 아니라 할머니는 저만 보면 초콜릿 단지를 건네주세요. 아직도 제가 어린아이 같은가 봐요.”

“그래도 기분 별로다. 늙어 보인다는 말로 들려요. 단것 좋아하는 노인.”

“하하하, 기분 나빠하지 마세요. 저희 할머니는 제가 아는 사람 중에 제일 강하고 멋진 분이에요. 할머니는 지금도 일하세요. 집에서 혼자 호두껍질을 벗기시는데 일 년 작업량이 60톤을 넘어요.”

“혼자서 60톤?”

“네. 안 믿어지시죠? 60톤이면 이 트럭에 있는 것의 50배가 넘는 거예요."

하루도 쉬는 법이 없이 호두껍질을 벗기는 할머니와 투잡으로 80만 원이 채 되지 않는 돈을 버는 손자. 나는 그저 숙연한 기분이 되었다. 안토니오는 내가 건넨 초콜릿 때문인지 그의 할머니를 떠올린 덕분인지 이내 활기를 찾은 듯 서둘러 바지를 털며 일어났다.

"왜 이렇게 늦나 하겠네요. 가야겠습니다. 재희님, 끝까지 힘내서 걸으세요!"

여행을 하면서 종종 힘을 주는 사람들을 만난다. BTS에 열광하는 소녀의 열렬한 한국말 인사에 힘을 얻는 날이 있고, 말없이 엄지손가락을 펴서 힘을 내라고 격려해 주는 사람 덕분에 주저앉고 싶을 때 더 걷기도 한다. 그날 코르치사로 가는 길에 만난 안토니오를 나는 걷는 동안 자주 생각했다. 살아간다는 것은 결국 마주하는 일이다. 미루거나 피하지 않고 삶과 마주서는 것임을 보여준 청년. 안토니오를 떠올릴 때마다 이베리아반도 서쪽 끝을 걷는 내내 힘을 얻었다. 자기 책임이 아닌 불운을 만났을 때 불평하지 않고 감당하는 사람에게는 스스로 만들지 않은 행운도 들이닥칠 거라고 믿고 싶다. 코르티사에서 응시오(Ansio)를 거쳐 하바살(Rabacal)까지 가는 길에는 마을마다 아름다운 성당이 유난히 많았다. 일부러 들어가 다리를 쉬며 그렇게 기도를 했다.

'오늘의 삶을 마주할 힘, 딱 그만큼의 기쁨과 힘을 매일매일 계속 만들 수 있기를 바랍니다.'

세상의 모든 안토니오와 세상의 모든 안토니오 할머니를 위하여. 그것은 나와 내 가족, 또한 모두를 위한 간구이기도 했다. 우리는 모두 연결되어 있으므로.

BO
ZAR
MUSIC
FADO
DE COIMBRA

Chapter 2

걸어서 걸어서

엄마밥보다
마을밥,
하바살의
저녁식사

"숙박은 가능한데 여기 식사가 완전 꽝이에요. 묵으시면 후회하실 거예요."

엥? 방이 있냐고 물었는데 이런 반응은 처음이다. 하바살에 도착해서 숙소를 찾다가 들어간 곳이었다. 양 갈래로 땋은 머리를 한 주근깨 여자애는 내가 순례자 여권을 내밀자 그렇게 말했다. 순례자들은 대부분 숙소에서 저녁과 숙박을 함께 해결하게 된다. 뜨거운 햇볕 아래 종일 걸었으니 꿀꿀이죽 수준만 아니면 음식이야 뭐든 대충 씻고 당장 눕고 싶었지만, 주근깨 소녀의 표정에서 인류애를 읽었다고 해야 할까? 정말 그랬다. 하루 종일 걸어온 가련한 순례자를 맛없는 음식으로부터 구해야 한다는 일종의 정의감이 서린 표정이다. 노골적인 동작으로 소녀는 등 뒤 중년 여자를 가리키며 “정말 요리를 못하는 사람”이라고 덧붙였다. 여인이 그 말을 알아들었으면 어쩌나 조마조마했는데, 그는 소녀에게 다가와 뭐라고 물었고 둘은 심각하게 포르투갈 말로 몇 마디를 주고받았다. 주근깨 소녀는 재빠르게 메모지에 다른 숙소 겸 식당 이름을 적어 내게 건넸다.

“골목 오른쪽으로 코너를 돌아 들어가면 간판이 보일 거예요. 거기 방이 없다고 하면 다시 오세요.”

이 정도면 엄연한 손님 빼돌리기 아닌가? 주인이 평소에 못되게 구나보다 하고 생각했다. 버젓이 주인이 뒤에 있는데 손님을 다른 곳으로 보내다니. 여하튼 대범한 소녀다. 추천한 곳 주소를 들고 돌아 나왔다.

폭염에 녹초가 되었다. 소녀가 알려준 숙소에 체크인하고 가방을 내려놓기가 무섭게 기절하듯 잠에 빠졌다. 일어나 보니 세탁을 하기에는 너무 늦은 시간이다. 저녁이라도 놓치지 않으려고 서둘러 식당으로 내려갔다. 거기서 그 요리 못한다는 여자와 마주쳤다.

“아까 우리 집에 왔던 순례자네. 맞죠?”

여자 옆에는 주근깨 소녀도 있었다. 두건과 앞치마를 벗은 소녀는 더 앳된 모습이다.

“혹시 다른 순례자를 만날 수 있을까 해서 이리로 왔어요.”

손님을 빼돌렸다는 것을 알면 곤란해질까 봐 내가 친구를 찾아 왔다고 둘러대는데, 소녀는 여유만만이다. 소녀가 요리 못하는 여자의 어깨를 감싸 안으며 말했다.

"엄마도 자기가 만든 건 맛없다고 안 먹어요. 이모가 요리를 잘하는데, 거긴 한참 가야 해서 여기를 알려드린 거예요."

"엄마? 그럼 아까 거기가 너희 집이었어?"

"네. 어쨌든 우리 동네에서는 여기가 제일 맛있어요."

둘은 주인과 종업원이 아니라 모녀간이었다. 소녀는 자기 엄마의 음식솜씨가 너무 형편없다며 나를 다른 민박 업소로 보낸 것이다.

코임브라(Coimbra) 방향으로 30km 남쪽에 있는 작은 마을, 하바살은 그런 곳이었다. 모든 사람이 모든 사람과 다 아는 것만 같은 곳. 마을 규모가 작기도 했지만, 사람간의 작은 몸짓 하나 주고받는 눈빛이나 말투까지 가족 공동체를 연상시킨다. 주근깨 소녀, 클로에의 소개로 온 곳도 말하자면 장래 그녀의 시댁이 될 수도 있는, 남자친구네가 운영하는 곳이라고 했다.

포르투갈의 시골 동네에서 아이들은 함께 자라나 친구와 연인이 된다. 딱 하나 있는 학교에 동네 모든 아이들이 함께 걸어 다니고, 마을 사람들이 가장 맛있게 빵을 굽는 사람이라고 인정하는 엘리스 아줌마가 동네 빵집을 하며, 제 발로 찾아온 외지인 손님에게 맛있는 다른 식당으로 가라는 식당 주인들이 사는 마을. 이런 곳에서는 마을 공동체 운운하는 말은 필요가 없을 것이다. 이미 공동체로 살아가고 있으니까.

클로에가 장담한 것처럼 저녁은 정말 맛있었다. 흔하게 먹던 생선과 감자, 빵과 야채수프였는데 다른 무엇이 들어갔는지 더 따스하고 더 풍부하고 더 맛깔스럽다. 지그재그로 깎아 내온 디저트 멜론은 달콤하고 다정하다. 이런 식사를 어디서 다시 할 수 있을까? 마지막이라고 생각하자 조금 쓸쓸해졌다. 우리가 마음으로 집밥이라고 부르는 것이 있듯, 하바살에는

마을밥이란 게 있었다. 그날 태어나 처음으로 마을밥을 먹었다.

이베리아 반도 대부분은 스페인이 차지한다. 마치 스페인의 등뼈처럼 붙어있는 포르투갈을 여행하면서 난 이렇게 저렇게 두 나라 사람들의 차이를 감지했다. 다른 유럽국가에서 느끼기 힘든 느긋하고 순박한 매력이야 공통적이고, 종교적 신앙을 불태우듯이 축구에 열광하는 것도 비슷하지만, 두 나라 사람들의 태도는 미묘하게 아니 확연히 다르다.

스페인 사람들이 발랄하고 왁자지껄한 반면 포르투갈 사람들은 비교적 퉁명하고 무뚝뚝해 보인다. 스페인에서는 거의 통하지 않던 영어가 포르투갈에서는 의외로 잘 통했는데, 오히려 말수는 스페인 사람들보다 적다. 일반화의 위험을 감수하고 내 생각을 정리해보자면, 스페인 사람들이 더 상냥하고 친밀하게 대하는 편이라면, 포르투갈 사람들은 투박하지만 진심어린 도움을 준다고 할까. 예를 들어 모르는 길을 헤매고 있을 때 스페인 사람들이 모르겠다며 친절하고 난감한 미소를 던지고 떠나는데 비해, 포르투갈에서는 내가 표지판을 더듬고 있을 때면 어디선가 사람들이 나타났다. 진지하게 뭉툭한 손짓 발짓을 하며 알려주거나 가야 할 장소까지 직접 데려다 주는 사람도 드물지 않았다.

“새벽에 출발이죠? 이거 가져가요.”

클로에 엄마가 종이에 대충 싼 것을 건넨다. 잘 가, 라거나 좋은 여행을 하라, 는 말 한마디도 없이 쥐어 주고는 성큼 돌아갔다. 무어냐고 물을 시간도 없었다. 숙소로 올라와 펴보니 빵이다. 민박집 청년이 아침 메뉴로 뭘 원하냐고 물었다. 아침 일찍 출발할 거라서 먹을 수 없다고, 신경 쓰지 말라고 했는데, 내가 아침을 거를 것이라는 사실을 이미 마을 모두가 알게 되었나 보다. 식사 중 마신 와인 기운이 올라 적당히 감상적인 상태라 여인이 둘둘 말아 챙겨준 빵이 더 정겹고 뭉클하다. 작디작은 이 공동체를 떠날 수밖에 없는 여행자라는 사실이 서글퍼지기까지 할 정도로. 빵 귀퉁이를 잘라 입에 넣었다. 소박하고 따스한 맛이다. TV나 스마트폰을 보지 않고 대화하는 법을 아직 잃어버리지 않은 사람들이 사는 하바살, 특별히 유명하지도 여행 명소도 아닌 하바살에서 내가 이베리아를 여행하는 동안 먹었던 빵 중 가장 맛있는 빵을 먹었다.

잃어버리고
헤매고
제대로
되는 것이 없는,
그래서 좋은 날

코임브라는 산티아고로 가는 포르투갈 순례길에서 삼분의 일 지점에 해당한다. 유럽의 학술과 예술의 중심지이고 포르투갈에서 가장 오래된 대학이 있는 코임브라를 향해 30여km를 걸어야 하는 날이다. 캄캄한 새벽길을 나섰다. 하바살을 떠나는 아쉬움에 헤드랜턴을 켜고도 내 마음은 더듬거리고 있었는데 마을 개들은 모질게도 짖었다. 당장 뛰어나와 지나는 사람들 모두 물어뜯어 버리겠다는 듯 고함을 지르는 포르투갈의 개는 여행이 끝날 때까지 적응이 되질 않았다. 이름 없는 작은 마을을 떠나는 아쉬움을 등지고 해가 밝았다. 코임브라를 향해 더 넓게 발을 뗐다.

그런 날이었다. 아무리 가도 같은 자리를 맴돌고 제자리로 돌아오는 것만 갈던 날. 새벽달이 지기도 전에 헤드랜턴을 켜고 출발했는데, 집집마다 당장이라도 담을 넘어 목덜미를 물어뜯을 것처럼 짖어대는 개 때문에 혼이 빠져 마을에서 나오는 길부터 헤맸다. 복잡할 것도 없는 골목을 돌다가 두 번이나 같은 마을 광장으로 돌아왔다. 그것이 시작이었다.

숲에서도 길을 잃었다. 안개가 짙은 날이었지만 해가 뜬 후에는 어둡지도 않았는데, 잔풀이 무성한 길을 이리저리 헤맸다. 방향을 잃었다가 겨우 만난 고양이 뒤를 따라 나와야 했다. 세 번째는 염소를 치는 아주머니를 본 후였다. 들에서 양치는 사람은 많이 봤는데, 주택 건물이 빼곡한 동네 골목을 누비며 염소몰이 하는 사람은 처음이다. 제대로 까미노 표식을 따라 갔다고 생각했는데, 이어지던 길이 유칼립투스 나무가 우거진 막다른 공간에서 끊어졌다. 가던 길을 되짚어 돌아 나오며 놓친 표식을 찾아야 했다.

길만 잃은 게 아니다. 혼비백산을 하고 숲에서 헤매는 동안 땀 닦는 타올을 세 개나 잃어버렸다. 친구가 응원의 의미로 선물했던 타올과 흙먼지를 피해 마스크처럼 쓰던 작은 손수건을 나도 모르는 사이에 흘렸다고 치자. 그런데 제법 커다란 샤워 타올은 내가 뻔히 보고 있는데, 마치 낚시 줄로 당겨진 듯 바람에 돌돌 말리더니 벼랑으로 날아갔다. 어이가 없다. 헤매고 잃어버리는 날이다.

오전 내내 불가사의한 헤매기를 반복하다가 코님브리가(Conimbriga)에 도착했다. 코님브리가는 코임브라 남서쪽 16km에 위치한 곳으로 아에미니움(Aeminium)이라고 불렸던 고대 로마 유적지다. 평소라면 서둘지 않고 찬찬히 둘러봤을 텐데, 그날은 허둥허둥 시간을 흘려버린 상태라 후다닥 유적지를 건성으로 돌았다. 더 지체했다가는 코임브라까지 갈 수 없을 것 같아서 마음이 급했다.

코임브라는 리스본에서 산티아고까지 가는 675km 포르투갈 순례에서 도입부분이 끝나는 곳이라고 보면 된다. 거리상으로도 삼분의 일 지점에 있다. 리스본으로 수도를 옮기기 전, 옛날 포르투갈 왕국의 수도였던 코임브라는 유럽의 5대 대학도시 중 하나고, 문학과 예술, 특히 16세기 인문주의를 꽃피운 중심이었다. '아름다운 중세도시 코임브라'는 한국을 떠나기 전부터 리스본과 포르투 못지않게 마음을 끌었다. 새벽부터 마음은 일찌감치 코임브라에 가 있는데 어쩌자고 종일 헤매는지. 가도 가도 빠져나갈 수 없는 미로에 빠진 것만 같다. 순례를 시작하고 처음으로 불행한 마음이었고, 급기야 걷는 것마저 지루했다. 그때 장피엘의 목소리가 들렸다.

"오늘 완벽해! 정말 멋진 날, 안 그래?"

조금 엉뚱한 이 프랑스 아저씨와는 며칠 전에 한번 인사를 나눈 적이 있다. 세심하게 깃털까지 붙여서 만든 지팡이를 가지고 다니며 틈이 나면 돈키호테 흉내로 웃음을 유도했다. 감탄주의자 장피엘은 오늘 유난히 기분이 좋아 보인다. 걷기에 완벽한 날이라며 만세를 불렀다.

"…그나저나 코임브라까지는 얼마나 걸릴까요? 길을 헤매서 계획보다 늦었어요."

"뭣하러 서둘러? 코임브라는 그냥 거기 있을 텐데."

맞는 말이다. 코임브라가 사라지는 것은 아니겠지만, 마음이 급할 때라 오늘은 아저씨의 느긋함이 거슬린다. 유적지 해설을 듣고 가자는 장피엘을 밀어내고 출발했다.

산을 몇 개나 넘어야 하는지 계속되는 오르막이 힘들다. 언덕을 수없이 넘은 후 유난히 빨래 말리는 집이 많은 마을 입구에 '코임브라까지 10km'라는 표지판이 서있다. 점심 먹는 시간을 넣어도 세 시간이면 충분할 것이다. 힘을 내서 한참 걸었는데 길목에 나타난 표지판에 남은 거리가 같다. '코임브라까지 10km' 어리둥절한 채로 길게 난 마을길을 모두 빠져나왔건만 다시 나타난 팻말은 여전히 '코임브라 10km'. 거리가 줄지 않았다.

'대체 무슨 이런 동네가 있어? 엉망진창 정확한 게 하나도 없잖아!'

덥고 힘들고 조바심이 났다. 코임브라는 인구 15만이 넘는 포르투갈 중부의 대학도시다. 순례자뿐 아니라 많은 관광객이 찾아오는 곳이라 늦게 도착하면 좋은 숙소를 구하기 힘들 거라고들 했었다. 하필 시에스타에 걸려 문을 연 카페조차 없는 마을 벤치에 앉아 난 혼잣말로 불평을 쏟아내고 있었다. 씩씩거리고 있는데 자그마한 소녀가 다가오더니 내 앞을 막아선다.

"제 고양이, 베르니스가 사라졌어요."

무슨 말인가 했는데, 내가 앉은 벤치 옆 나무에도 무언가 붙어있다. 고양이를 찾는다는 전단지다. 소녀가 전단지 뭉치와 테이프를 품에 안고 있었다. 나도 모르게 엉거주춤 일어나 소녀가 전단지를 붙이는 것을 도와주었다.

"고양이가 없어졌는데 어떻게 학교에 가겠어요? 며칠 동안 베르니스만 찾으러 다녀요."

소녀의 엄마가 진지한 얼굴로 말했다. 딸이 고양이를 찾겠다고 학교도 가지 않는데 혀를 끌끌 찬다거나 아이를 구슬려보려는 태도가 아니다. 아이가 슬퍼서 걱정이고 영영 고양이를 찾지 못할까봐 더 걱정이란다. 그러고 보니 동네 사람들도 같은 표정이다. 그들 말은 알아듣지 못했지만 확실했다. 아이엄마에게 안타까운 표정으로 무언가 묻고, 짧은 한숨을 쉬고 그리고 더할 수 없이 심각한 대화가 오간다.

'고양이를 잃어버렸으니 슬퍼서 어떻게 학교에 갈 수 있겠어. 그깟 수업쯤이야 빠지는 게 당연하지!'라고 생각하는 사람들이다. 이런 사람들이 사는 세르나시(Cernache), 알려지지 않은 이 작은 마을에서 나에게 일종의 화학작용이 일어난 게 확실하다. 오후 내내 짜증스럽게 조급하고 초조했던 마음이 거짓말처럼 사라졌다.

나는 그날 코임브라에 입성하지 못했다. 몬데구 강(Rio Mondego)을 건너 언덕을 빼곡히 채운 붉은 지붕이 보이는 수도원까지 갔을 때 이미 해는 지고 있었다. 세르나시에서 고양이 찾기 전단지 몇 장을 함께 붙이고, 소녀의 엄마가 준 아몬드 파이를 먹으며 시간을 지체한 탓, 아니 덕분이다. 노을이 차오르는 코임브라를 향해 발을 재촉하는 대신, 나는 높은 언덕에 올라가 자리를 잡고 앉았다. 아름다운 중세도시를 물들이던 석양이 사라지고 그 하늘 위로 달이 뜰 때까지 앉아 짧은 일기를 썼다.

잃어버린 고양이를 찾아 헤매는 것이 학교에 가는 것보다 중요한 일이라고 믿는 사람들을 만나서 기뻤다고. 장피엘 말대로 코임브라는 그냥 거기 있더라고. 꼭 오늘이 아니어도 된다는 것을 잊지 말아야겠다고. 계획이 틀어지고, 잃어버리고, 헤매서 참 좋은 하루였다.

달콤한 낭만,
잘 익은
젊음의
코임브라

몬데구 강을 건너 코임브라에 들어서면 젊음이 와락 끼쳐온다. 검은 망토를 휘날리며 성큼성큼 걷는 학생들의 발걸음에 맞춰 마침 시계탑의 종소리가 울렸다. 조앤 K. 롤링이 해리포터를 집필할 때 포르투갈 대학생들의 교복, 검은 망토에서 영감을 받았다는 이야기는 알려진 대로다. 코임브라 대학의 망토는 호그와트 마법학교의 교복이 된다. 지나온 호젓한 시골길이 그렇게 좋았으면서, 모처럼 도시에서 싱그러운 젊음을 만나보니 그 역시 이토록 매혹적이다.

"요아니나 도서관만 둘러보고 가려고 했는데, 코임브라 파두를 놓치면 안 된대."

일정이 촉박하다며 저녁 기차를 타고 포르투로 가겠다던 줄리가 파두 공연을 보기 위해 하루 더 있기로 했다. 누구나 코임브라에서 놓치지 말아야 할 것으로 요아니나 도서관과 파두, 그 두 가지를 꼽는다. 세계에서 가장 아름다운 도서관, 1700년대에 지어진 호화로움의 극치 요아니나 도서관에는 박쥐가 사는 것으로도 유명하다. 철학, 법학, 신학 등 라틴어 고서 3만여 권이 있는 도서관에서 그 책을 보전하기 위해 책벌레를 먹이로 하는 박쥐를 키운다고. 상상만으로도 과거로 가는 시간 여행을 시작한 기분이다.

"코임브라 대학은 포르투갈에서 제일 오래된 대학이야. 유럽에서도 세 번째로 오래됐고. 원래는 코임브라 궁전이었는데, 대학으로 변신시킨 거래."

줄리와 나는 코임브라 구대학 영역 입장권을 사서 관람하기로 했다. '철의 문'을 통과하면 요아니나 도서관과 법학대가 있는 구대학 캠퍼스가 나타난다. 펼쳐진 광장 중심에는 코임브라 대학을 이곳으로 이전한 주앙 3세의 동상이 있다. 줄리는 옛날 왕들은 다 비슷해 보인다며 헨리8세 동상을 왜 여기에 세워뒀나 했다며 키득거렸다. 과연 솟아오른 배가 웅장한 분이시다. 지금 세상에서는 살빼기 프로그램에 성공한 모델의 'Before' 이미지로나 적절하겠지만, 당시에는 왕의 '위풍당당'을 완성시키는 데 초고도 비만 복부는 필수 자질이었음이 분명하다.

시계탑으로 올라가면 구시가를 360도로 조망할 수 있다. 수백 년의 시간을 지켜본 강이 흐른다. 천 년 전 중세의 수도원부터 정원과 성당, 미로 같은 골목을 덮은 붉은 지붕 건물이 그려낸 풍경은 아무리 바라봐도 질리지 않는다. 코임브라에서 옥탑 피크닉을 하는 기분으로 계속 머물고 싶었지만, 시간 간격을 두고 20명씩 입장을 제한하는 도서관 관람을 위해 내려왔다.

광장 안뜰을 마주한 도서관은 지상 층인데, 들어가는 입구는 뒤쪽 계단으로 지하 2층까지 내려간 곳에 있었다.

"지하 2층은 학생 감옥이었대. 끔찍하지 않아? 규율 좀 어겼다고 학생을 감옥에 가두다니!"

엄격한 수도원으로서 성직자를 길러내는 역할을 담당했던 중세 대학의 학생 감옥은 조금 으스스했다. 지하 1층으로 올라가면 오래된 책을 보수하고 복원하는 곳이다. 고서 복원사의 손길로 수백 년 시간을 지나온 책에 다시 생명을 주고 치료하는 이를테면 책의 병원이다. 고서 복원의 진풍경을 감상하고 요아니나 도서관으로 들어가는 문 앞에서 입장을 기다렸다. 스무 명씩 순번대로 출입을 관리하는 구역이었고 여기부터는 촬영이 불가

능하다.

'책을 모시기 위해 보물로 지은 궁전.' 도서관에 들어섰을 때 받은 느낌이다. 화려한 대리석과 금으로 아낌없이 치장한 실내와 천정을 장식한 화려하고 정교한 프레스코화, 극도로 호화로운 보물이 받들고 있는 진짜 보물은 다름 아닌 책이다. 그 시대 책은 권력이자 힘이며 가장 귀한 보물이었다. 은은하게 책의 향기가 감돌고 적절하게 햇빛이 들어오는 도서관에서는 고요한 신비에 휩싸이게 된다. 관람객 대열에서 멀어졌을 때였는데, 관리인으로 보이는 사람이 입술에 손가락을 대며 조용히 하라는 표시를 했다. 어리둥절한 우리에게 책장 구석을 보라며 가리켰다. 야행성 박쥐들이 낮에 몸을 숨기는 곳이라고 했다. 줄리는 얼핏 박쥐를 봤다는데 내 눈엔 보이지 않았다.

어떤 궁전에 비교해도 밀리지 않을 만큼 호화로운 '장엄의 홀' 요아니나 도서관을 나왔다. 학생들이 다니는 길을 따라 언덕을 내려가면서 망가 정원, 산타크루즈 대성당, 구대성당을 차례로 돌아보았다. 코임브라에서 첫날 하루가 뿌듯하게 채워진다. 대성당은 원래 아랍인들이 지은 요새였다. 포르투갈을 건국한 엔리케 왕이 12세기에 성당으로 재건한 구대성당은 포르투갈의 대표적인 로마네스크 양식 건물이다.

대성당을 지나면 가파른 내리막길을 따라 '퀘브라 코스타스' 계단이 나타난다. 계단이 가팔라 구르면 허리가 부러진다는 뜻으로 붙은 이름이라지만, 알록달록 색깔의 바닥과 건물이 빼곡한 골목이 이어져 기웃기웃 구경할 거리가 많다. 독특한 서점과 기념품 가게, 파두 공연장이 있는 골목을 오르내리며 즐겼다. 줄리가 코임브라를 떠나지 않은 이유가 파두 공연인 만큼 그녀는 정통 공연을 보고 싶어 했다. 원형에 가까운 파두를 공연한다고 알려진 '파두 센터 하우스'의 공연을 기다리며 퀘브라 코스타스 계단길에 있는 카페에서 줄리와 와인을 마셨다.

"리스본 파두가 떠나간 사람을 그리워하는 여성의 아픔과 슬픔을 노래한 것이라면, 코임브라 파두는 젊은 시절의 기쁨과 설레임을 노래한 것입니다."

코임브라 파두는 남자 대학생이 사랑을 고백할 때 여학생의 기숙사 창문 아래서 부르던 세레나데를 전승한 것이라고 한다. 파두에서는 숫자 3이 중요한 의미를 가진다. 기타 두 대의 반주로 한 사람이 노래하는 3인조 파두가 원형이고 사랑을 고백하는 남자에게, 파두를 들은 여학생이 방의 불을 세 번 깜빡이면 승낙의 의미가 되었다고 한다. 태생부터 낭만적이다. 리스본에서 들었던 파두는 절절하게 끓어 넘치는 비감이었다. 쉽사리 잊히지 않을 무거운 정수의 감정이었던 반면 코임브라의 파두는 애절하면서도 달콤하다. 끈적이기보다는 매끄럽고 무겁지 않은 청춘의 아름다움이라고 해야 할까.

줄리를 떠나지 못하게 했던 파두였는데, 정작 푹 빠져 버린 건 나였다. 줄리는 떠나고 난 이틀을 더 코임브라에서 지냈다. 아침엔 몬데구 강가에 나가 커피를 마시고 산책을 했다. 굽이굽이 언덕길을 따라 구시가를 헤매다가 숙소로 들어와 방학을 맞은 학생처럼 늦잠을 자고 일어나 멍하니 파두가 시작될 시간을 기다렸다. 삼 일째 되던 날, 나는 코임브라가 깨어나기 전 일찍 도시를 떠났다. 더 있고 싶어질 것 같아서였다. 무엇에 그리 끌렸을까? 아마도 묘한 뒤섞임 때문일 것이다. 오랜 중세도시 코임브라에는 세월이 스며들어 잘 익은 나이든 젊음과 낡지 않은 신식 낭만 같은 것이 뒤섞여 있다. 사라져버린 공룡처럼 자취도 없다고 믿었던 종류의 젊음과 낭만이 코임브라에 있었다.

레미콘 트럭을 타고 나타난 천사

살다가 오늘 같은 날을 몇 번이나 만날까? 미리 써둔 각본대로 연출된 것처럼 드라마 같은 상황이 펼쳐진 하루. 코임브라를 떠나 다시 순례를 이어간 오늘이 그랬다.

"포르투(Porto)까지는 버스로 가자! 볼 것도 없고 지루한 길이래."

멸종 공룡처럼 사라졌다고 믿었던 낭만이 살고 있는 코임브라에서 사흘을 보내고 출발하는 아침이었다. 프랑스 아저씨 장루이가 말했다. 평범하고 지루한 조림지역과 볼 것 없는 내륙 마을을 지나야 하는 127km는 걸을 필요가 없다고. 그런 길을 6일이나 걸어가는 것보다 건너뛰고 포르투로 가서 며칠 더 즐기는 것이 좋다는 그의 말은 합리적으로 들렸다. 버스를 타겠다는 사람이 의외로 많다. 파두를 함께 즐긴 줄리가 그랬고, 타협 없이 걷던 로저마저 버스를 탄다고 했다. 볼만한 풍광도 없고, 특별한 역사가 있는 마을도 아닌 힘들기만 한 지역은 순례자들 사이에서 '점프 구간'으로 불린다. 산티아고 가는 길 프랑스 루트에서 부르고스(Burgos)부터 레온(Leon)까지도 일종의 점프 구간이다. 며칠 동안 하늘 아래 아무것도 없는 메세타(Meseta) 고원지대를 합리성을 추구하는 많은 순례자들이 뛰어 넘는다. 점프하는 것도 하나의 방법이고 합리적이지만 그렇게 따지면 애초에 산티아고 길을, 포르투갈을 걸어야 할 필요는 있었단 말인가? 어차피 무용한 순례에서 건강 문제가 아니라면 건너뛰기 점프는 내게 선택지가 아니다. 악명 높은 메세타를 걸으면서, 아무도 없고, 아무것도 볼 것 없다는 구간에서 눈물 콧물 쏟으며 가장 깊이 나를 만났던 것처럼 이 '걸을 필요 없는' 길에서 내가 어떤 시간을 보내고 어떤 만남을 가지게 될지는 모를 일이다. 코임브라에서 함께 보낸 사람들이 떠나고 나는 요령 없이 걷는 채비를 마쳤다.

시내를 벗어나 첫째 언덕을 숨 가쁘게 올라온 후 물통을 흘리고 왔다는 것을 깨달았다. 기록적인 이상기온으로 포르투갈의 가을 아침은 이미 불가마처럼 달아올라 아스팔트를 녹이는데, 가게가 있을 만한 마을까지는 한참 남았다. 산업도로 너머로 물류창고 같은 건물만 듬성듬성 보였다. 메세타에 이어지던 밀밭을 상상했는데, 여기는 산업공단이다. 물도 한 잔 못 마시고 흘리는 땀은 곧바로 소금이 되어 버석거렸다.

'장루이 말을 들을 걸. 이럴 줄 알았으면 그냥 버스 타고 갔을 거야!'

처음엔 후회를 거듭하며 나 스스로에게 짜증이 났는데, 갈증으로 목구멍까지 말라 조여들자 짜증이 아닌 두려움이 몰려들었다. 그늘 없는 뙤약볕 아래 산업도로를 혼자서 얼마나 걸었는지 모르겠다. 내가 죽기 직전에 한산하게 비어있던 도로에 레미콘 트럭이 나타났다. 난 무작정 그 뒤를 따라 뛰었다. 무슨 생각이었는지 레미콘 트럭을 따라 가면서 팔을 흔들었다. 텅 빈 10차선 산업도로에서 레미콘 트럭이 후진하는 것을 본 사람? 나다. 유난히 커다란 레미콘 차였는데, 마치 리모트 컨트롤로 움직여지는 물체처럼 육중한 몸짓으로 후진하여 내게로 오더니 섰다. 차문이 열리고 사람이 내렸다.

"왜 그래요? 무슨 문제라도 있어요?"

"물. 물. 목이 말라요."

조수석에 나를 태운 후 산업단지 공단을 가로질러 물류센터 사무실로 데려간 사람은 레미콘 기사 페르난도다. 근처에 물을 파는 곳은 없고 내게 물을 마시게 할 수 있는 유일한 곳이라고 했다. 사무실 음료대에서 염치 불구하고 물을 따라 벌컥벌컥 마시는 사이, 페르난도는 자기의 물통에 생수를 가득 채워 내게 줬다.

목숨을 구해준 그에게 약간이라도 사례금을 주고 싶었다. 고마움을 표하고 싶다고 제발 받아 달라며 반 협박으로 사정했는데 그는 거절했다. 그러더니 누군가 대본을 써서 전해준 것을 읽는 것처럼 이렇게 말하는 것이 아닌가.

"오늘 내가 당신을 구한 건가요? 그렇다면 언젠가 당신도 누군가를 구해주세요."

페르난도는 TV에서나 들을법한 감동의 멘트를 날리고 만났던 자리에 나를 내려놓고 돌아갔다. 그의 레미콘이 뒤뚱거리며 사라질 때 깨달았다. 산티아고 길을 걷는 사람에게 급한 일이 생기면 천사가 레미콘을 타고 내려온다는 것을.

푸짐한 점심을 기대하며 이미지 트레이닝을 했다. 커피와 함께 큰 것으로 에그타르트를 두 개쯤 먹겠다는 희망으로 겨우 마을까지 걸어왔는데… 식당 비슷한 곳도 없다. 아침에 챙긴 반쪽 샌드위치로 버티며 한나절을 보냈고, 뱃속에서 꼬르륵 소리를 낸 지도 한참 전부터다. 페르난도가 건네준 물도 다 떨어졌는데, 상점도 없고 카페도 없는 마을이라니.

'아니 이 동네 사람들은 먹지도 않고 사는 거야 뭐야?'

사람 마음이란 어떻게 이리도 얄팍하고 가벼운지. 페르난도를 만난 덕에 길에서 쓰러질 뻔했다가 살았다며 감사로 가득했던 마음은 허기로 금세 칙칙해졌다.

'걷기 여행 상품으로 만들어진 길이 아니잖아. 내 기준대로 적당한 거리마다 카페나 상점이 있을 수는 없다구.'

몇 번이나 스스로 달랬다. 불평하지 말고 걷자고 마음을 고쳐먹었다. 레미콘을 타고 나타났던 천사 페르난도를 떠올리며 입꼬리를 억지로 끌어 올리는데 등 뒤에서 누가 부른다.

"헬로우 페레그리나~"

경운기에 수확한 포도를 가득 싣고 가는 할아버지였다. 산타클로스처럼 생긴 할아버지는 경운기를 세우고 수확한 포도 더미에서 두 송이를 집어 건네며 내게 받으라고 하셨다. 무어라 말씀을 하시더니 내가 알아듣지 못했다는 것을 눈치 챈 할아버지는 포도를 송이째 들어 올려 먹는 시늉을 했다. 햇살처럼 웃으며 포도를 안겨준 천사. 오늘 두 번째로 거짓말 같은 타이밍이다. 목이 말라 헛것이 보이던 때는 무려 레미콘을 몰고 천사가 나타나 구해주었는데, 배가 고파 눈이 푹 꺼지는 것 같은 지금 경운기를 타고 달려온 천사가 포도를 건네다니. 포도는 달라붙었던 위장을 채우고 감기던 내 눈을 뜨게 해주었다.

종일 순례자를 한 사람도 보지 못하다가 목적지 멜야다(Mealhada)를 앞두고 헤매다 우크라이나에서 온 지냐(Genia)를 만났다. 하마터면 6km나 돌아가는 길로 들어설 뻔했는데, 홀연히 나타난 지냐가 그쪽 길이 아니라며 나를 불렀다. 지냐를 만나 제대로 된 길을 찾았다. 오늘만 세 번째 천사다.

"38도 더위에 점프 구간을 굳이 걷는 사람인데, 당연히 천사가 나타나 구해주셔야지!"

오늘 만난 페르난도와 경운기 할아버지 얘기를 했더니 지냐는 까미노에 정말 천사가 있다며 맞장구를 쳤다. 기적은 이미 충분하다고 생각했는데,

그날은 예고편이었다. '굳이 걸을 필요가 없는 길'을 걷는 동안 내게 거짓말 같은 행운은 줄줄이 사탕으로 이어졌다. 그날 일기장에 지냐가 들려준 우크라이나 속담을 큰 글씨로 써두었다.

'정말 귀하고 소중한 것은 넓고 빠른 길에 놓여 있지 않다.'

콜로라도에서 상하이까지 운전하는 여인

"내 아들은 상하이에 있는 대학교에 다녀."

"그렇구나. 혹시 너도 상하이에 가봤니?"

"당연하지! 상하이는 워낙 자주 가는 곳인걸. 아들 입학 첫날도 내가 데려다 줬어. 녀석은 내가 데려다 주는 걸 제일 좋아하거든. 가능하면 내가 직접 운전하지."

조안은 미국 콜로라도(Colorado)에 산다고 했다. 콜로라도에서 중국 상하이를 자주 간다니. 아들 학교에도 가능하면 직접 운전해서 데려다 줬다니 대체 무슨 말인가. 이해할 수 없었으므로 그냥 재미없는 허풍 농담을 한다고 생각했다.

멜야다를 출발한 시간은 그믐달이 떠오른 이른 새벽이었다. 헤드랜턴에 의지해 산길을 걸었다. 어두운 산길에서 후두둑 소리만 들려도 어찌나 으스스하던지 먼 하늘이 엷은 색으로 밝아지며 해가 떠오를 때까지 무슨 생각으로 걸었는지 기억도 없다. 어둠을 걷은 분홍색 하늘 아래 벤치가 보였다. 몇 시간을 넋 놓고 걸었더니 허기가 졌다. 벤치에 앉아 사과와 샌드위치로 아침을 먹고 있는데 내가 있는 쪽으로 두 사람이 걸어왔다. 조안(Joan)과 페이지(Paige)이다.

"좋은 아침~"

"응 안녕, 좋은 아침~"

"아름다운 묘지는 아침식사 장소로 최고지. 좋은 선택이야!"

묘지라고? 돌아보니 뒤쪽으로 마을 묘지였다. 아까는 알아채지 못했는데, 알았다면 굳이 여기서 아침식사를 했을 것 같지는 않다. 우리나라 묘지는 주로 산에 있지만 서양에서 묘지는 주로 마을에 있다. 마을 입구, 로터리, 성당 옆, 때로는 마을 가장 좋은 자리에 있다. 월하의 공동묘지, 원한서린 귀신 키워드의 공포장르가 아니라 꽃과 공원, 가족장르에 가깝다.

첫 만남부터 활달하고 거침없던 조안과 옆에서 수줍어하는 페이지를 만나 묘지에서 함께 아침을 먹었다. 순례자들은 만나면 어디서 왔는지 오늘이 며칠째인지 확인하며 자기소개를 하지만, 직업을 묻는 일은 거의 없다. 자주 만나게 되면 자연스럽게 친구가 되고, 오래 사귄 친구보다 어떤 면에서는 더 잘 이해하는 부분이 생기기도 한다. 여튼 대부분 순례자들에게 중요한 것은 직업 따위가 아니라 좀 더 실존적인 문제라고 할 수 있다. 이를테면 발에 물집이 있는지 없는지 같은 것 말이다. 하루에도 몇 번씩 물집 처치를 해야 하는 조안의 얼굴에는 크고 작은 주름이 가득했다. 활기차게 노년을 맞이한 여인, 조안이 상하이까지 운전을 한다(drive)는 말을 했을 때 어째서 나는 겨우 자동차만 떠올렸을까? 그녀가 말한 것은 비행기였다. 조안은 비행기를 운전한다. 30년차 비행기 조종사로 정년퇴직을 앞두고 있고 특별직으로 아직 주요 노선을 비행한다고 했다. 조안은 내가 태어나서 처음 만난 여성 비행기 조종사다.

"평창은 정말 너무 추웠지만 참 아름다웠어요."

한국에 한번 왔었다는 페이지는 장애인 스키 코치다. 국가대표 스키 선수였고, 장애를 가지게 된 친구 때문에 장애인 스키 코치가 되기로 결정했다. 페이지는 평창 장애인올림픽 때문에 한국에 왔었는데 사람들이 어찌나 정 많고 따듯한지 완전히 반해버렸다고 했다. 나이 차이가 큰 두 여인이 좀 닮아 보여서 얼핏 모녀간이 아닐까 했는데 왜 그랬는지 난 '둘이 어떻게 만난 친구 사이냐'고 물었다.

"네가 나한테 페이지 엄마냐고 묻지 않은 최초의 사람이야."

그것만으로도 내가 좋아졌다는 조안과 페이지는 고종사촌간이다. 두 자매와 함께 녹아내리는 아스팔트길을 걸었다.

코임브라에서 멜야다로 오는 길에 천사가 레미콘 트럭을 타고 나타나

내게 물을 줬다는 얘기, 배가 고파 죽을 것 같았는데 포도를 수확한 노인이 나를 살렸다는 얘기를 하고 있었는데, 승합차 한 대가 우리에게 다가와 멈췄다. 차를 몰고 온 사람은 우리에게 꽝꽝 얼린 얼음물과 사과를 넣은 비닐봉지를 하나씩 건네주었다. 혹시 이번 주가 천사들 집중 출몰의 주간인데 나만 모르고 있었던 것일까? 천사들의 러시다. 조안은 왜 모르는 사람들에게 물과 사과를 나눠주는지 물었다. 승합차 천사는 이렇게 말했다

"당신들처럼 걸을 수는 없지만 내가 도울 수는 있으니까요. 순례자를 돕는 것은 순례에 동참하는 거예요. 준비하면서부터 행복하고 기분이 좋아져요. 기껏 물과 사과를 드리면서 제가 더 많이 받는 셈이죠."

주는 사람들은 모두 자기가 더 행복하다고 말한다. 연말에 사진이나 찍으려고 불우이웃이니 이웃돕기니 하는 사람들 말고 정말 자기 것을 나누어 주는 사람들 말이다, 남아 돌아서가 아니라 부족해도 나누고 마음을 다해 돕는 사람들은 언제나 그랬다. 행복하다고. 주는 것, 돕는 것 자체가 행복하다고. 우리에게 물과 사과를 준 승합차 천사사람, 페이지와 나, 그리고 조안이 얼마나 서로에게 감사하다고 아니라고 내가 더 고맙다 호들갑스럽게

행복해 했는지는 지금 짐작하는 그대로다. 천사 출몰지역임에 틀림없다.

"와인 테이스팅 하고 가세요~."

아게다(Agueda)로 가는 길의 양조장 앞이었다. 상냥한 표정을 한 여자가 우리를 불러 세웠다. 와인 테이스팅이란 직접 마셔보고 맘에 드는 와인을 팔고사기 위한 것이 아닌가. 시원한 실내에서 와인을 맛보라니까 고마웠지만 거절하며 말했다. 도보 순례중이라 짐이 무거워져서 와인이 맛있어도 살 수 없다고. 그녀는 빨리 들어오라고 재촉하는 동작을 하며 말했다.

"사가지고 갈 수 없으면 여기서 많이 드시고 가셔야죠. 더운데 들어오세요!"

우리가 만난 수산나는 소믈리에 수업을 하며 판매를 돕는 사원이다. 수산나는 냉방이 된 테이스팅 룸으로 들어오라고 한 후 냉장고에서 차가운

물수건을 꺼내 주면서 땀을 닦으라고 했다. 꿈인지 생시인지 모르겠다는 말은 이럴 때 나오는 감탄이다. 조안은 비행기의 일등석 서비스보다 더 감동적이라고 했다. 수산나는 우리에게 로제, 화이트, 베르디까지 골고루 와인을 맛보게 하고 좋다는 와인은 조금씩 더 따라 주면서 순례자에게 시음 와인을 대접할 수 있어서 기쁘다고 했다. 줄 수 있어서 기쁘다는 사람을 또 만난 것이다. 천사다.

"저는 좀 부끄러운 생각이 들었어요."

천사의 와인 시음회를 마치고 나와 한참 말없이 걷던 페이지가 뜬금없이 부끄럽다고 한다.

"무슨 소리야, 페이지. 갑자기 뭐가 부끄러워?"

"아까 나올 때 말이에요. 저는 내심 고객감동카드나 피드백 같은 것이라도 써달라고 할 줄 알았거든요. 와인을 팔지는 않더라도 설문조사 같은 고객접촉 실적이 필요한가보다 생각했어요."

"맞아. 나도 그랬어. 우리가 너무 잇속을 차리는 거래에만 익숙해진 거야."

포르투갈 산티아고 루트는 도시와 도시 사이 공업 단지를, 풍광이 특별하지 않은 마을과 언덕을 걷는 구간이 많다. 그럼에도 불구하고 길은 진정으로 아름답고 말할 수 없이 먹먹한 감동을 받은 순간들로 가득하다. 돌이켜보면 그 길의 감동과 아름다움의 이유는 바로 이런 사람들 때문이었다.

거래가 아닌 선의, 대가를 바라지 않는 호의는 나를, 우리를 놀라게 했고 부끄럽게 했고 사랑하게 했다.

순례길을 걷는 중에 때로는 아니 자주 길을 걷는 목적이 무언지 자기 자신에게 묻게 된다. 자동차로 비행기로 얼마든지 들고 날 수 있는 이 길을 힘들게 걸어서 뭐하나 하는 생각으로 회의감이 들 때도 있다. 하지만 길은 좋은 날이 있으면 힘든 날이 있다는 것을 알려주고, 어이없이 잘 안 되는 때다 싶다가도 터무니없이 행복해지는 날이 찾아온다는 희망을 가지게 한다. 세상이 너무 영악하고 각박해졌다고 말하는 사람이라도 계산 없이, 품은 맘 없이 돌려받을 의도가 없는 호의를 베푸는 사람들을 연신 만나면서 세상에 기대하지도 못했던 것들에 대한 믿음을 가지게 된다. 사람을 통해 펼쳐지는 기적과 신비를 걸으며 만난다.

비교하는 마음에 깃드는 악마

순례길을 걷는 것은 여행이라고 해도 축제보다는 삶 자체와 닮아있다. 좋은 날이 있으면 힘든 날이 있다. 어이없을 만큼 '되는 일이 하나도 없구나.' 싶다가도 터무니없이 행복해지는 날도 찾아온다. 어제는 있을 수 없는 우연이 계속 겹치는 드라마 같은 날이었다. 땡볕을 걷는 순례자에게 얼음물과 사과를 나눠주려고 일삼아 기다리던 사람을 만나고, 그늘에 들어와 쉬라며 시에스타 시간에 공짜 와인 테이스팅에 초대받았다. 비행기 조종사 조안과 장애인 스키 코치 페이지와는 처음 만나 단 하루 만에 막역한 친구처럼 느낄 정도로 잘 맞았고 신기할 정도로 마음이 통했다.

"오늘 정말 행운이 넘치는 날이었어. 그치?"

"그러게, 평생 처음이었던 것 같아. 여기 사람들은 정말 따듯해. 어쩜 그렇게 다 천사 같을까."

"맞아. 사람들이 감동이네. 그런데 재희야, 내게는 너를 만난 게 더 멋진 행운이야."

사람의 감정은 놀라울 만큼 상호적이다. 살다보면 내가 좋아하는 사람이 대체로 나를 좋아하는 걸 경험한다. 나를 좋아하는 사람이 좋아지기 마련이고. 조안과 페이지 그리고 나, 우리 셋은 오늘 서로 마음에 꼭 드는 사람을 만났다. 그것만으로도 가장 큰 행운의 날이다.

일본에서 온 70대 마라토너 부부와 같은 숙소에서 묵었다. 남편 야스히로가 55세, 부인 사치코가 50세가 되던 해부터 마라톤을 시작해서 올해로 20년차라고 했다. 걷고 뛰는 마라토너로 지낸 20년을 감사하고 기념하려고 순례길을 걷는다고 한다. 오늘은 만나는 사람들마다 영감을 준다. 멋진 날의 벅찬 감동 때문에 그날은 밤잠을 이루지 못했다, 고 하면 거짓말이고 선물 같은 날 마지막은 모기가 장식했다. 포르투갈 모기가 위잉~ 소리를 내고 덤벼들면 난 속수무책 온몸을 바쳐 한국산 잔칫상을 차려줘야 했다. 옆 침대에 있는 사치코가 이미 단잠에 빠진 것 같아서 불을 켤 수 없었다. 배낭 안에 있는 뿌리는 모기약을 찾아 꺼내려고 더듬더듬 어둠 속에서 진땀을 뺐다. 초저녁 단잠에 빠진 사치코를 방해할 수 없어 모기의 먹이가 되어야 했다. 늦은 밤 겨우 잠잠해진 모기를 피하고 잠이 들까 할 무렵, 사치코는 우렁찬 연발 기관총 소리를 내기 시작했다. 너무해… 째려보기 염력을 시도해봤지만, 코고는 사치코는 꿈적도 하지 않았다. 모기와 코고는 소리를 어떻게든 막아보려고 시트로 몸을 돌돌 말았다. 밤새 촛농처럼 녹아내리며 뜬 눈으로 새벽을 맞았다.

달이 지기도 전 새벽에 일어나 출발했다. 알베가리아노바(Albergaria-a-Nova)까지 22.3km를 걷는 날이다. 거의 도착할 즈음에야 숲이 나오고, 그 전까지는 길고도 지루한 N1도로를 걸어야 한다. 메마른 시멘트 길을 덮은 것은 까까였다(스페인어로 까까는 똥이다). 지난 며칠 동안 행운과 기쁨이 지나치리만큼 쏟아졌으니 '이런 날도 있는 거지.' 하면서 마음을 달랬다. 못마땅한 상황도 받아들이는 수밖에는 없다. 자주 쉬고 더 웃으려 해봐

도 지치고 힘들고 어려운 날이다. 아주 작은 알갱이만한 기운도 한 톨 남지 않은 상태가 되었을 때 겨우 숙소에 도착했다. 침대를 배정받고 기절을 한 건지 잠이 들었던 건지 불확실하다. 아득하게 호스피탈레로와 조안의 목소리가 들린다.

"100미터만 걸어가면 저녁을 먹을 만한 식당이 있어요."

"단 한 발짝도 더는 못 걷겠어요."

조안은 고개를 저으면서 말했고 나도 고개를 끄덕였다. 굶으면 굶었지 한 걸음도 뗄 수 없을 것 같은 완벽한 방전 상태다. 냉장고에 뭔가 있을지도 모르니 열어보라고 했는데, 정말 순례자들이 남겨둔 것들이 있다. 토마토케첩에 알 수 없는 여러 가지 소스를 모두 넣어 섞어 볶았다. 마카로니와 스파게티 면을 삶아 국적불명 짜파구리를 만들어 먹었다. 정말 이상한 맛이었지만, 최소한 우린 그날 더 걸을 필요가 없었다. 그걸로 만족이다.

산티아고 순례자들 중에는 나나 조안, 페이지처럼 매끼니 식당을 찾아 사먹는 사람이 많지만, 직접 조리를 하는 사람들도 있다. 비용도 절약할 수 있고, 자국의 특별 메뉴를 만들어 나누어 먹을 수도 있고, 더러는 식이 장애나 알러지 때문에 직접 재료를 확인해야 하는 경우도 있어서다. 근처 식료품 가게에서 구한 재료로 음식을 해 먹고 남은 건 알베르게 주방에 두고 간다. 순례에 당장 필요한 것만 지니고 무겁게 짐을 가지고 다니지 않아야 하는 이유기도 하고, 오늘 우리처럼 다음 순례자가 사용할 수도 있도록 해 주는 것이 문화이기도 하다. 순례 중에 처음 요리를 해서 먹었다.

악마가 사람을 불행하게 만드는 최고의 비법은? 비교하는 마음을 심어 주는 것이라고 한다. '비교하는 마음에는 행복이 깃들 수 없다.'는 말은 어디서 들은 것 같기도 하고 내가 만들어 낸 것도 같은데, 정말 진리다. 프랑스 리옹에서 온 이브와 쟝을 만났다. 이브도 전에 만난 후안처럼 산티아고 프랑스 길, 북쪽 길, 은의 길을 모두 걸었다고 한다. 그는 포르투갈 까미노 길이 편치 않다며 불평했다. 매우 불행한 상태였다. 자동차가 쌩쌩 달리는 길을, 삭막한 산업공단을 지나야 하고, 그나마 길에는 개똥이 널려있고…. 나도 초반에는 은근히 불만이었던 것들인데 시간이 지날수록, 특히 지난 며칠 동안 난 이 길이 좋아져버렸다. 그래선지 그가 불평하는 것을 듣고 있자니 기분이 언짢다.

"상상했던 것보다 훨씬 멋진 걸요. 저는 걷는 것이 너무 행복해요."

까미노가 처음이라는 청년 쟝은 매일 매일이 환상이라며 감탄한다. 길에 매혹되어 걷다가 숙소가 없는 마을까지 가는 바람에 노숙까지 했다면서 깔깔 웃었다. 조안과 페이지도 이번이 처음이다. 그들도 길을 걸으며 지나는 모든 코너에서, 모든 만남에서 기쁨을 발견했다. 까미노가 어떨 것이라고, 어떠해야 한다고 비교하지 않는 사람들은 매 걸음이 새롭고 축복이라는데 이전의 경험, 다른 까미노에서 알게 된 것을 기대한 이들은 불만이 많았다. 새로움을 그대로 받아들이면 되는데, 지난 경험에만 묶여 이 길에만 있는 것은 보지도 못했다. 경험이 오히려 독이고 비교하는 마음이 악마

인 것이다.

"1.8미터의 법칙에 대해 들어본 적 있어? 뇌과학 심리학자들의 실험에 따르면 1.8미터 반경에 있는 사람들의 감정은 서로 전염되는 경향이 있대."

같은 공간에 있으면 하품만 옮는 게 아니라 감정과 정서도 옮아 비슷해진다는 것이다. 정말 그랬다. 감정은 전염되는 것이다. 인도가 없는 자동차 길로 걸어야 한다고, 폭신한 흙 길이 아닌 시멘트 길 때문에 발에 물집이 생긴다고 불평을 했는데, 행복한 사람들과 함께 걷다 보니 나의 불만은 어디론가 사라지고 없었다. 아스팔트 포장도로나 말과 개의 배설물이 구르는 좁디좁은 인도를 용납한 지 오래되었고, 대신 여기 포르투갈 길에만 있는 수프(sopa)와 에그타르트(nata)를 먹을 수 있어서, 사람의 모습으로 나타나는 천사들이 사는 길이라서 난 이미 넘치도록 행복했다.

마데이라(Sao Joao da Madeira)에서 숙소를 잡는 일은 고생스러웠다. 헤매다가 병원에서 순례자에게 내주는 무료 시설이 있다고 해서 들어와 보니 딱 오래된 영화에 나올 법한 공간이다. 2차 세계대전 배경의 전쟁영화 말이다. 야전병원에서 침대를 치워 버린 공간에 매트를 깔아두면 이럴 것이다. 재난 대피 시설을 연상시키는 방이었고, 샤워장은 물이 잘 빠지지 않아 미끄러웠다.

'낙상 환자를 만들어 병원에서 수익을 챙기려는 목적이라면 몰라도 이럴 수는 없어. 아무리 무료라도 그렇지….' 하는 마음이었는데 페이지가 눈을 반짝인다.

"우리 너무 힘들었는데 어쩜 그렇게 때맞춰 숙소가 나타났을까, 그치? 게다가 무료라니. 참 좋다."

그의 말이 맞다. 볼멘소리를 하자면 끝이 없지만, 감사를 하자면 고마워해야 할 일도 수두룩했다.

순례자로 수백 킬로미터를 넘게 걸으며 받은 축복 가운데 내가 가장 감사하게 생각하는 것은, 세상에 작고 보잘것없던 것들의 아름다움을 발견하는 능력이다. 길가 주인 없는 노지에 자라는 옥수수나 가을 고추가 화려한 장미보다 아름답지 않다고 할 수 없었다. 보도블록 틈에서 겨우 피어난, 있는 힘을 다해 힘껏 핀 작은 생명들은 그 어떤 존재보다 위대하고 장하다. 비록 잡초라고 불리는 생명이지만, 그 풀을 밟지 않으려고 숨을 참으며 까치발로 걷는 그 마음을 나는 산티아고 길에서 선물로 받았다.

언제든,
어디서든,
어떻게든

'만날 사람은 언제든, 어디서든, 어떻게든 만난다.'

포르투 입성을 앞두고 그리조(Grijo)에서 쉬는 날로 정한 오늘 까미노가 알려준 법칙이다.

어렸을 때 누가 먼저 먹종이를 태우는지 경쟁하는 놀이를 한 적이 있다. 돋보기를 통과한 햇빛의 알갱이를 한 곳에 고정시켜 초점을 만들어야 한다. 먼지처럼 작은 점에 연기가 피어나기 시작하면 이내 작은 동그라미는 점점 커지며 타서 사라졌다. 그리조까지 걷는 9월의 한낮, 나는 자주 정수리에 손을 갖다 대며 그때 먹종이를 떠올렸다. 어린 시절 돋보기를 대고 태웠던 먹종이처럼 머리카락에 불이 붙고 있는 것 같았다. 태양은 조만간 나를 태워서 연기처럼 사라지게 할지도 몰랐다. 맹렬한 여름의 끝이었다.

새벽부터 걸어 시에스타가 시작되기 직전에 겨우 도착했는데, 그리조의 숙소 대문은 완고하게 닫혀있었다. '오후 4시 오픈' 이렇게 매정한 안내문은 난생 처음이라고 생각했다. 타 죽기 전에 들어갈 곳을 찾아야 했다. 허겁지겁 주변을 돌다가 시에스타에 맞춰 임시 셔터를 내리고 있는 카페에 가까스로 몸을 꾸겨 넣고 나서 알았다. 그 매정한 안내문이 실은 오후 4시까지 천국을 예고해준 것이었음을. 포르투갈의 깊은 시골에 냉방이 되는 카페라니, 이건 꿈인가? 심지어 메뉴에서 '아.이.스.커.피'라는 글씨를 본 순간 나는 내 눈을 의심했다. 길에서 타버리거나 죽지 않고 살아남아 아이스커피를 마시는구나! 내일 걸어서 포르투에 갈 수 있다는 확신이 들었다.

"오늘 정말 믿을 수 없을 만큼 펄펄 끓더라. 그치? 넌 어디서 왔어?"

대각선 테이블에서 책을 읽고 있던 순례자였다. 일찌감치 도착한 듯 여유 있는 모습의 그 친구는 노르웨이의 오슬로에서 왔다고 했다. 타리아이(Tarjei)가 그의 이름이다. 아무리 지구온난화로 이상 기온이라고 해도 9월말 포르투갈에서 38도가 넘는 더위를 견뎌야 할 줄은 몰랐다며 혀를 내둘렀다.

"노르웨이에서 왔으니 정말 적응 안 되겠다. 난 한국에서 왔는데도 그런데. 지금 한국은 초가을이야."

한국 사람이라는 말에 환하게 안색을 밝힌 그의 입에서 전혀 기대하지 않았던 단어가 튀어나왔다.

"백-두-대-간"

"백두대간? 네가 백두대간을 어떻게 알아?"

발음이 비슷한 다른 말인가 했는데 아니다. 또박또박 네 음절로 "백두대간"을 말한데 이어 그가 덧붙였다. 백두산에서 지리산까지 모두 걸었다고. 백두산, 돌강, 칠보산, 개마고원, 금강산에 올랐고, 남한에서도 설악산에서 지리산까지, 그리고 다시 한라산 백록담에도 갔었노라고.

"북한의 칠보산과 개마고원을 잊을 수가 없어. 정말 아름다웠어."

금발의 외국인 청년이 금단의 땅인 북한의 지명을 말하는 것도 놀라웠지만, 그 땅이 유럽인들에게는 관광비자를 받아 들고 날 수 있는 곳이라는 사실이 너무 낯설었다.

"한국 사람들은 친절하고 노래를 잘하는 것 같아. 남한과 북한 어디서든 만난 사람들은 모두 그랬어."

타리아이가 남한과 북한 사람들을 말할 때 차이를 두지 않는 것을 들으며 나는 아득할 정도로 충격을 받았던 것 같다. 그가 북한에서 촌부에게 감자소주를 얻어 마신 이야기, 술을 마시면 흥이 넘쳐 함께 춤추고 노래했던 사람들의 얘기를 하는데, 정작 난 같은 민족인 그들의 모습을 쉽사리 상상할 수 없었다. 몇 년 전 캄보디아를 여행하면서 시엠립의 북한요리식당에서 냉면과 불고기를 먹은 적이 있다. 거기서 마주친 여자 종업원들이 내가 가장 가깝게 보고 얘기한 북한 사람들이다. '어여쁜 북조선의 처녀들'이었지만 극단적으로 말해서 그들은 관광지에 맞춘 이미지로 교육받고 길러진 사람들이다. 타리아이가 말하는 북한의 진짜 인민과는 다르다. 북한의 시골 촌부가 우리나라 시골 할아버지처럼 흥겹게 춤추고 외국인과 감자소주를 마실 수 있다는 사실이 내게는 비현실적으로 느껴졌다. 나는 극단적인 반공과 냉전시대 제도교육을 받았다. 어린 시절 도깨비 얼굴을 한 북한 사람들의 모습을 반공포스터에 그렸던 사람이다. 어쩌면 나의 의식은 그 시절로부터 많이 성장하지 못한 것일지도 모르겠다.

타리아이는 남북의 백두대간 전체를 종주한 세상에 몇 안 되는 사람이다. 남한 사람이나 북한 사람에게는 아직 꿈일 뿐인 '백두에서 한라까지', 백두대간을 종주한 외국인이 내 앞에 있었다. 여기까지도 이미 신기한데 이 노르웨이 청년과 나를 정말 놀라게 한 이유는 또 있다. 그도 나도 몰랐지만 우리는 이미 수년 전 서로 연결되었다는 사실이다.

2015년 봄이었다. 뉴질랜드 경찰관 출신 탐험가이자 산악인 로저 쉐퍼드(Roger Shepherd)가 대한민국의 광복 70주년을 맞아 남북한 백두대간 프로젝트를 기획했다. 당시 국내 포털 사이트에서 소셜 펀딩이 이뤄지고 있었다. 로저 쉐퍼드는 서로 왕래하지 못하는 남과 북의 산하를 잇는 백두대간을 사진으로 찍어 이어보자는 아이디어였다. 한반도는 백두대간으로 연결되어 민족의 정신과 기백을 나누고 있다. 나는 역사적으로도 의미 있는 프로젝트라고 생각하고 기부자로 참여했다. 로저 쉐퍼드는 백두대간 전체 종단 프로젝트를 완수했고 책으로도 출판했다. 나는 그 프로젝트의 수많은 기부자 중 한 사람이었을 뿐이지만, 사진집이 세상에 나올 수 있도록 펀딩에 참여한 사람이고 타리아이는 펀딩이 만들어낸 프로젝트를 수행한 몇 사람 중 하나다. 이런 두 사람이 몇 년이 지난 후 유럽 서쪽의 순례길에서 우연히 만나는 가능성은 얼마나 될까? 신기했다.

"지구에서 유일하게 한국만이 이념분단국가로 남아 있잖아. 한국 땅 전체를 내 다리로 걸어서 연결해 본 것은 영광이었어."

"네가 백두대간을 모두 걸었다니. 후원자에게 보내준 사진집에서 서양 사람들 몇 명 찍힌 사진도 있었어. 그 사람들 중 하나가 너구나?"

"신기하다. 그럼 책 뒤에 후원자 리스트에는 네 이름이 적혀 있겠네."

타리아이는 개마고원과 칠보산이 가장 좋았다고 한다. 언젠가 나도 갈 수 있기를 바란다며 서로 오가지 못하는 우리나라 사람들이 안타깝다고 했다. 분단국의 산하를 연결하는 마음으로 걸었다는 외국인 청년은 언젠가 개마고원을 걸을 수 있는 날이 오기를 꿈꾸는 한국 여자 앞에 나타나 말해주고 있었다. 세상은 모두 연결되어 있고 만날 사람은 언젠가는 만난다는 것을.

알베르게 접수 마감시간 무렵 마지막 두 자리가 남았을 때 도착한 사람들이 있다고 해서 내려다보았다. 다시 페이지와 조안이다. 까미노에서는 이런 일이 벌어진다. 아무리 굳은 약속을 해봐도 다시 만나지 못하는가 하면, 약속을 하지 않아도 만날 사람은 계속 만난다. 만날 사람은 어디서든 언제든 어떻게든 만나는 것이다.

포르투,
구석구석
당신을
걷고 싶어

오늘, 드디어 포르투에 입성한다. 나처럼 리스본에서 시작하는 경우도 있지만, 포르투갈 루트를 걷는 사람들 대다수는 포르투를 출발점으로 잡는다. 포르투에서 산티아고까지는 대서양을 끼고 걷는 아찔하도록 아름다운 코스로 유명하다. 게다가 걷기 편하게 보드워크가 잘 정비되어 있다. 리스본에서 포르투에 이르는 400킬로미터 가량의 험난한 길을 피하고 2주정도면 완주할 수 있다. 포르투에서 산티아고까지 코스가 일반적인 이유다. 리스본 출발 순례자들도 주문을 외우듯 '포르투'를 외쳤다. 포르투는 일종의 '고생 끝, 새로운 시작'을 상징하는 단어였다.

"오늘이 바로 그날인데 난 도저히 걸을 수가 없네."

포르투! 포르투! 외치며 힘을 내던 조안이 아침에 걷기를 포기했다. 비교적 짧은 거리 17km만 걸으면 되는 날이지만, 며칠째 발목과 무릎 통증을 호소하던 조안은 택시로 이동하기로 결정했다. 순례 중 탈것을 이용해야 하는 처지가 되면 꼼수라도 부리는 것 같아 마음의 부담이 크기 마련이다. 그렇다 해도 매 걸음마다 절뚝거리는 조안의 상태로 더 이상은 무리였다. 산티아고까지 완주하려면 도시에서 며칠 쉬며 치료를 받는 것 말고 다른 방법이 없었다. 조안은 택시를 불렀다. 여태 힘들어하는 조안에게 보조를 맞춰주느라 천천히 걸어야 했던 페이지가 모처럼 자기 페이스대로 걸을 수 있게 되었다. 페이지는 노르웨이의 백두대간 청년 타리아이와 함께 속도를 냈다. 나는 느림보 친구들 핀란드 그룹과 속도가 맞을 것이라 얼마간 함께 걷기로 했다.

“포르투에 가면 일단 퍼지고 싶어. 와이너리 투어로만 이틀쯤 보낼 거야.”

“난 맛있는 해산물로 하루에 다섯 끼를 먹어 주겠어.”

포르투에서 어떻게 보내길 원하는지 각자 희망하는 대로 이미지 트레이닝을 하며 걸었다.

“포르투의 라틴어 이름 포르투스 칼레(Portus Cale)가 포르투갈(Portugal)의 유래가 된 거 알지? 리스본이 수도이긴 하지만 포르투야말로 포르투갈의 상징이지.”

포르투갈을 지극히 좋아해서 수개월 동안 샅샅이 여행한 경험이 있는 투야(Tuija)는 포르투에 머무는 동안 놓치지 말아야 할 것들을 꼽았다. 포르투갈 건국의 도시 기미랑이스(Guimarães)도 꼭 다녀와야 한다면서 포르투에서는 일주일도 부족하지만, 순례를 이어가려면 너무 오래 관광객 모드가 되는 것은 피해야 한다는 경고도 잊지 않았다. 투야가 물었다. 포르투에서 무얼 제일 하고 싶냐고.

"난 포르투 골목을 구석구석 모두 걸어보고 싶어."

영화 「포르토」(Porto)를 본 후에 생긴 로망이다. 미국 남자 제이크와 프랑스 여자 마티가 포르투에서 만나 운명적인 사랑에 빠지는 영화였다. 운명적 사랑에 개연성을 물을 수는 없겠지만, 관객이 공감할 새도 없이 급하게 격렬한 사랑에 빠지는 연인의 감정과 나는 불통했다. 스토리라인을 따라가거나 주인공에게 공감하기는 힘들었지만, 나는 배경이 되는 도시에 반해버렸다. 포르투에 가면 골목을 따라 구석구석 걷다가 길을 잃어보고 싶었다. 그들이 만나고, 헤매고, 걷는 도시의 도우로 강변, 히베이라 광장과 좁은 골목길의 계단에 놓인 쓸쓸한 낭만을 만나고 싶다. 걷기 힘들어 죽기 직전이라면서도 포르투에 가서 제일 하고 싶은 것은 다시 골목을 '헤매 다니며 걷는 것'이다.

투야와 헤어진 후 혼자 부드럽고 따스한 초가을의 오후를 걸었다. 해가 왼쪽 뺨을 비추기 시작할 무렵 피로감으로 다리를 쉬었다. 모로 정원(Garden of Morro)에서 지친 다리를 달랜 후 공원을 벗어나는데, 끝이 물결모양으로 말리는 바람이 불면서 눈앞 풍경을 바꾸어 버렸다.

핑크 빛으로 물드는 도우로 강, 동루이1세 다리가 오른쪽에 있었고, 케이블카는 노을을 반사하며 천천히 다가오는데, 정면에 오렌지색 지붕들이 반짝이는 언덕이 보인다.

'아~ 포르투구나!'

포르투는 꿈처럼, 꿈보다 더 꿈같은 모습으로 펼쳐져 있었다. 도시가 내려다보이는데, 이건 정말로 너무나 말이 안 되는 거였다. 누군가 옆에 있었다면 얼싸안고 팔짝 팔짝 뛰었을 것 같다. 지나가던 사람이 깜짝 놀랐을 만큼 소리를 질렀던 것 같다. 여행하면서 눈물이 찔끔 나올 만큼 아름다운 장소와 장면을 만나는 경우가 종종 있기는 하지만, 그날처럼 도시를 바라보며 언덕에서 몇 시간을 넋 놓고 앉아 일어나지 못했던 날은 없는 것 같다. 가슴이 뻐근해서 혼잣말을 하다가 햇살과 바람을 맞으며 나도 모르는 사이에 흘렀던 눈물을 닦았다.

'하아… 이건 정말 너무 하잖아. 정말 말이 안 되는 거잖아!'

일반적으로 여행자들은 상벤투 역으로 오는 기차를 타고 포르투에 도착한다. 포르투 첫인상을 물어보면 열의 아홉은 상벤투 역의 아름다운 아줄레주 타일장식을 꼽는 이유다. 사람들은 광장을 지나 언덕을 오르고 차근차근 도시의 하이라이트를 만나게 되는 것이다. 나처럼 남쪽에서 두 다리로 걸어 포르투에 들어가는 이들은 다르다. 도시와 첫 만남은 도저히 예측할 수 없는 방식으로, 숨을 쉴 새도 없이 기습당하듯 이루어졌다.

강가 언덕을 가득 채운 연인들이 핑크 빛 노을을 받고 누워있었다. 영화 속 제이크와 마티처럼 사랑에 빠진 연인들이다. 지친 순례자를 기습한 포르투의 오후 풍경을 한마디로 하자면 '달콤한 낭만'이다. 포르투는 사랑의 도시다. 나는 아픈 무릎을 달래고 다시 이어갈 순례를 준비하겠지만, 이 도시에서 며칠을 보낸다는 상상만으로도 설레었다. 어쩌면 여기서는 혼자라는 사실이 쓸쓸하게 느껴질지도 모르겠다.

"난 당신이 무슨 말을 할지 다 알고, 당신도 내가 할 말을 미리 알잖아. 우린 서로의 마음을 읽고 이 모든 게 너무 자연스러워."

영화에서 연인들은 말하지 않아도 저절로 알게 된다고 고백했다. 이해하기 힘들었던 그 사랑을 포르투에 와서 비로소 알 수 있을 것만 같은 기분이다. 여기선 그 말이 안 되던, 급하고 격렬한 열정과 사랑이 모두 말이 되는 것 같다고 되뇌며 핑크 빛 노을 속에 앉아 있었다.

순해진 햇살이 서쪽 하늘로 모두 저물 때까지 움직이지 못하고 앉아 포르투를 바라보았다. 루이스 다리 위로 트램이 지나고 있었고, 난 포르투와 사랑에 빠졌다는 것을 알았다. 더 이상 확실할 수 없는 사랑이다.

DOCAPESCA

나는 당신을, 아니 나는 당신이

사랑에 빠져 버렸다. 첫눈에 반한 사랑이었다. 처음 마주친 순간 내 몸 속 깊은 곳에서 무언가 툭 끊어지는 소리를 들은 것도 같다. 그 순간 내 양쪽 볼이 따스해지고 가슴이 뛰었다. 바람 계단을 걸어 하늘로 오르는 기분이었다고 할까? 나는 포르투와 사랑에 빠졌다.

오래전에 외운 시의 구절이 그렇게 절실한 문장일 줄이야. '만날 때 헤어질 때를 염려하는 것처럼' 도착한 순간부터 떠나야 할 날이 걱정이었다. 켜켜이 쌓인 문화와 깊은 역사의 더께 위로 일상이 흘러 다니는 도시에서 나는 군밤을 사먹었다. 현지인처럼 골목을 휘적휘적 걸으며 싸게 파는 멜론을 사서 집으로 들어갔다. 도우로 강변 와이너리를 돌고 이른바 유명 관광지 도장깨기라는 것을 하면서도 난 그 시구가 떠올랐다.

'우리는 만날 때 헤어질 때를 염려하는 것처럼, 떠날 때 다시 만날 것을 믿습니다.'

포르투를 떠나 다시 길을 나서야 했던 날, 자꾸만 뒤돌아보면서 소금기둥이 되어버린 롯의 아내를 생각했다. 꿈같은 며칠을 보낸 후 다시 까미노 걷기에 나섰다. 포르투에서 산티아고까지 가는 순례자들은 해안길과 센트럴루트 가운데 하나를 선택한다. 정통성에 무게를 두는 사람들은 내륙으로 걷는 센트럴을 택하지만, 맛있는 해산물 요리를 먹을 수 있고 보드워크로 힘들지 않게 걸을 수 있는 해안길이 인기다. 인생도 순례도 양쪽으로 난 갈래 길에서는 쉽게 마음을 정하기가 쉽지 않다. 선택은 취하는 것에 대한 문제라기보다는 포기하고 버리는 것을 정하는 결정이니까. 어떤 길을 택한다 해도 가지 않은 길에 대한 미련은 남는다.

"일단 바다를 보고 싶어!"

해안길로 향했다. 날개를 쭉 펼친 하늘이 대서양과 닿아 끝이 없다. 표현할 수 있는 말을 고르기 힘들다. 산소 방울이 터지는 소리를 내는 바람이 불었다. 그저 놀랍고 아름답다. 순례자 친구들이 그렇게 해안길, 해안길 하며 외치던 이유였다. 해변에 마음을 뺏기고 걷다보면 길은 수산물 시장으로 이어진다. 사람 팔뚝만한 갈매기가 생선을 팔고 흥정하는 사람들 사이에 기웃거리고 있다. 생선을 손질하고 흥정을 붙이던 사람은 때때로 잔 생선을 갈매기에게 던져주기도 한다. 키우는 개나 강아지처럼 갈매기가 사람을 따르고 길들여진 모습이라니. 시장 곳곳에 세워둔 차 본네트와 지붕에 올라가 쉬는 갈매기도 많았다. 사람들의 목소리, 파도소리, 갈매기 우는 소리까지 시장 전체가 팔딱거리는 맥박처럼 활기차다. 시장을 돌아보면서 힘이 쌓인 것인지 하늘을 날듯 바닷길을 걸었다. 나흘간 포르투에서 에너지를 충전한 데다 풍광에 취해 피곤한 줄도 몰랐던 것 같다. 황홀한 걸음으로 얼마든지 더 걸을 수 있을 것 같았는데, 오늘의 목적지에 닿았다. 매일 힘들고 지쳐 한계에 달했을 때 겨우 걷기를 마무리했는데, 이런 날도 있는 거다. 아름다움에 취해 너무 쉽게, 누워서 떡 먹듯 그런 날 말이다. 바닷길 25km를 걷는 줄도 모르고 걸었다.

학교를 개조한 알베르게는 넓고 조리시설도 훌륭하지만, 평소 매식을 하는 나는 식당을 추천 받아 다시 바닷가 쪽으로 향했다. 노을로 물든 연분홍빛 바다를 마주한 식당이었다. 포르투갈 사람들 기준으로는 저녁식사를 하기에 이른 시간이다. 몇 명이 식전 파이를 먹고 있다. 무리에 있던 한 여인과 눈이 마주쳤다. 무안할 정도로 시선을 고정하고 나를 바라보던 그 여인이 다가왔다. 내 앞에 선 여인은 '난 너한테 반했어.'로밖에 해석할 수 없는 표정으로 나를 쳐다본다. 뭐지? 이럴 때는 대체 어떻게 해야 하는 걸까? 당황스럽고 조금 겁이 나는 순간이었다. 그는 불꽃을 담은 두 눈을 이글거리며 내게 말을 걸었다.

"나는 당신을, 아니 나는 당신이…."

"……"

"당신은 비티에스 아니, 당신은 한국사람입니까?"

그렇다. 여인은 BTS의 열렬한 팬이다. RM을 사랑한다고도 했다. 인생이 어둡고 죽고 싶도록 힘들었는데, BTS를 만난 후에 다시 삶의 의미를 찾았다는 열혈 팬이다. 여인은 딸과 함께 BTS의 팬클럽 아미 활동을 하면서 한국말 공부 모임을 만들었다. 얼마전 한국어 공부를 시작했다고 한다. BTS를 이유로 내게 돌진한 여인, 한국에 반했고, 한국 음악을 좋아하고 한국 드라마를 좋아한다는 그녀의 팬심은 너무나 듣기 좋은 것이었지만 나는 배가 고팠고, K-POP 대화보다는 따스한 수프를 먹고 싶었다.

"우리 동네를 보여주고 싶어. 제발…. 우리 집에서 하루만 더 머물면 안 되겠니?"

여행 중에는 이런 호의 혹은 접근을 만나는 경우가 있다. 받아들여 더 없는 추억을 쌓을 수도 있지만 안전을 위해, 여행을 위해 거절이 필요한 때도 있는 것이다. 지금은 거절할 때다.

"나도 그러고 싶은데 다음 마을에서 친구가 기다리고 있어."

난 눈꼬리를 내리고 정말 슬픈 표정을 지은 후 착하고 하얀 거짓말을 했다. 한국이라는 모든 것과 뜨거운 사랑에 빠진 여인을 섭섭하게 만들지 않고 무사히 숙소로 돌아올 수 있었다.

숙소 침대 옆 큰 창에 아직 어두워지지 않은 파란 하늘이 가득 차있다. 푸른 밤하늘에 달이 떠올랐다. 달을 보면 고향 생각을 했다는 옛날 사람들처럼 달을 보니 집 생각이 났다. 집… 모든 것을 떠오르게 하는 단어다. 집은 가족, 친구, 내 고양이들, 그리고 내 나라까지 포함이다. 여행을 하면 한국적인 것, 한국의 어떤 것이 외국 사람들에게 기억되고 인상을 남기는지 피부로 느끼고 실감한다. 지금도 북쪽이냐 남쪽이냐 묻는 사람이 많지만, 예전에 외국인을 만나면 100이면 99명이 North Korea? South Korea? 라고 물었다. 그 질문이 시작이고 끝이었다. 한국을 들어본 적도 없는 사람이 더 많았고 안다고 해도 그들에게 코리아를 들어보게 한 국제뉴스는 남북문제, 북한문제 정도였던 것이다. 그 후 샘숭, 삼성(Samsung)이 뒤를 이었고, 문화적인 것이 나타났다. 「내 이름은 김삼순」, 「대장금」, 「겨울연가」로 시작되고 이어지는 한국드라마를 통해서 친근하게 느끼고 가깝게 대하는 사람들이 생겼다. 아직도 「대장금」은 우즈베키스탄이나 이란 친구들에게는 핫하고 트렌디한 드라마다. 2002년 월드컵 덕분에 한참동안 '대애한민국' 박수를 치는 사람들도 많았는데, 역시 가장 강력한 것은 K-Pop이다. K-Drama가 아직도 맹위를 떨치며 한국의 일상생활, 문화를 알리는 데 공헌을 확실하게 하지만, 열광과 사랑에서 K-POP 스타들을 당할 수는 없다. BTS는 한국에 있을 때보다 나와서 더 그 대단함을 실감한다. 우리말을 배우고 우리 음식을 먹으며 우리나라 사람들을 멋있다고 느끼게 하는 BTS 일곱 청년. 요즘 만나는 외국 사람들은 한국이라는 말에 그 일곱 친구들을 바로 연결한다.

“너 한국에서 왔구나. 난 벨라루스에서 왔어.”

난감했다. 아… 벨라루스, 동유럽인데, 헝가리인가 폴란드 옆인데… 더 아는 게 없다. 내가 난감해 하는 것을 눈치 챘는지 얼른 그 친구가 받았다.

“괜찮아. 어차피 아는 사람 별로 없어.”

오래전 내가 ‘코리아’라고 했을 때 Korea? 어디 붙어있는 낯선 나라지? 하는 표정을 짓던 외국인들이 있었다. 당연히 기분이 좋지 않았던 기억이다. 그 김빠지는 감정을 벨라루스 친구에게 주고 싶지 않았는데, 다행스럽게도 수도 맞추기 게임처럼 갑자기 민스크가 떠올랐다.

“… 민스크!! 벨라루스 수도가 민스크 맞지?”

“맞아! 어머, 민스크를 아네?”

가보지 않았어도 괜찮다. 관심을 받을 수 있는 존재라는 느낌, 언젠가 가고 싶다는 말 한마디로 충분하다. 구겨지는 종이처럼 변했던 아이의 얼굴이 다시 펴졌다. 우리는 달을 함께 바라봤다. 달은 육안으로 볼 수 있는 지구 밖 존재라서 좋다. 달을 바라보면 나처럼 상상력이 빈약한 사람도 우주를 떠올리게 되고 내가 우주에 산다는 것을 느낀다. 그리고 집, 우리 집, 집을 떠올리게도 한다. 벨라루스와 나는 함께 서서 맑게 씻은 얼굴을 하고 열심히 자라고 있는 달을 오래도록 바라봤다. 그도 나도 그날 밤, 집 생각을 했던 것 같다.

바꾸지 않았다면 만날 수 없었을

라브루지(Labruge)에서 까미노는 다시 현실이라고 믿기 어려운 풍광으로 들어간다. 지나치게 아름다운 대상을 만났을 때 왜 울컥 아련한 슬픔이 느껴지는지 모르겠다. 어쩔 수 없이 울컥, 코끝이 찡하다. 바다를 마주하고 눈물을 찔끔거리며 걸었다. 숨을 뱉고 마시며 걸음마다 차오른 환희가 급기야 내 몸을 공중으로 들어 올린 것만 같았다.

미야자키 하야오 감독의 애니메이션 「하울의 움직이는 성」에서 90대 노파로 변했던 소피는 사랑에 빠지고 온전히 자신이 되면 다시 소녀가 되어 하늘을 걸었다. 내가 소피가 된 것만 같다. 아무도 없는 길, 대서양을 따라 펼쳐진 이 멋진 세상을 통째로 선물 받은 환희로 나는 하늘을 날아 걸었고,

내가 만들어 낼 수 있는 가장 높고 큰 데시벨로 소리쳤다.

"아아악~ 아아아아악~ 고.맙.습.니.다. 정말 너어어무 조오아아아요."

설사 BTS 공연장에 있는 Army(아미)였다고 해도 그때 나보다 더 크게 소리 지르지는 못했을 것이다. 비명에 가까운 환호였다. 혼자라서 누구 눈치를 볼 필요도 없었다. 마음껏 멈춰 서서 파도를 몰고 오는 바람 소리보다 더 크게…. 결국 두 시간 만에 목이 쉬었다.

누가 봤으면 정신이 이상한 사람이라고 했을 것이다. 소리 지르고 빙빙 돌면서 감동의 동영상과 사진을 계속 찍었더니 몇 시간 만에 휴대폰 배터리도 바닥이 났다. 한순간도 놓칠 수 없이 그렇게 좋았는데 그러면서도 계속 바닷길만 걷는다는 것이 살짝 아쉽기도 했던 마음은 대체 뭐란 말인가?

목이 쉴 정도로 소리 지르게 만들었던 환희와 호들갑이 진정될 무렵 빌라두콩지(Vila do Conde)에 도착했다. 늦은 점심을 먹고 숙소를 찾아볼 생각이었다. 10월이 되면서 공식적으로 시에스타는 끝났지만, 오후 2시가 넘으니 대부분 식당에서 점심식사 주문을 마감한 상태다. 간단한 음료만 된다는 몇몇 카페에서 허탕을 치며 들락거리다가 함부르그에서 온 카스텔을 만났다. 마을에 들어서며 앞서거니 뒤서거니 계속 마주쳤던 순례자였다. 카스텔은 독일 재무성의 공무원이다. 길을 걸으며 수많은 사람들을 만나다 보면 나라별로 순례자들이 보여주는 특성이 있다는 것을 알게 된다. 여러 가지가 있지만 독일 사람과 관계된 것 중 하나는 그들은 거의 100% 가이드북을 가지고 다닌다는 것이다. 심지어 휴대폰 앱을 다운받아 보면서도

종이책 가이드북을 함께 지닌 사람도 많다. 독일 가이드북이 그 어떤 나라의 안내서보다 자세한 정보를 제공한다는 것도 순례자 대부분이 알고 동의하는 사실이다. 카스텔도 그런 안내서를 가지고 있었다.

"길이 정말 아름답지 않아? 해안길로 오길 참 잘한 것 같아."

"그래 맞아. 너무 아름답지만 바닷길은 계속 비슷하지 않을까 싶기도 해."

어쩜 그리도 나와 똑같은 생각을 한 건지. 그도 나처럼 기절할 만큼 아름다운 풍광에 감탄했지만, 정통 내륙길을 포기한 것이 아쉬웠다. 함께 점심을 먹으며 아름다움의 절정 해안길 루트를 벗어나 정통길로 가보자고 의기투합했다. 그때까지만 해도 해안길 루트를 이어갈 계획이었으므로 빌라두콩지에서 묵을 생각이었다. 이미 3시가 넘어서 루트를 바꾸어 다음 마을로 가기엔 늦은 시간이다. 알베르게 마감 전에 도착할 수 있을까? 아슬아슬했지만 혼자가 아닌 둘이니까 서로 의지하고 가보기로 했다. 내가 '어떻게든 되겠지.' 하는 천하태평인 반면 카스텔은 독일의 재무공무원답다. 매시간 주파해야 할 거리까지 계산하면서 미리 챙기는 스타일이다. 나도 그도 우리는 너무 다른 상대방이 신기했고, 그래서 마음이 놓였다. 함께 레이치스(Sao Pedro de Rates)를 향해 출발했다.

카스텔은 의외로 힘들어 했다. 190cm가 넘는 큰 키에 건장하고 젊은 서양 남자라도 포르투에서 순례를 시작했으니 오늘이 겨우 이틀째가 아닌가. 배낭을 메는 것도 하루 4만 보 넘게 걷는 것도 아직 적응이 되지 않아 힘들어 보였다. 누군가와 보조를 맞춰주기 위해 내 걸음을 늦춘 적은 처음이었다. 해는 부지런히 땅으로 내려갔고, 우리도 해를 따라 퍼지는 저녁 햇살 속에 걸었다. 시골길에서 카스텔이 통증을 호소하며 주저앉았을 때였는데, 마침 더없이 평화로운 성당 종소리가 들려온다. 늦지 않게 마을에 들어왔다는 신호다.

레이치스에는 9세기에 처음 지어진 로마네스크 성당이 있다. 포르투갈에서 가장 처음 순례자 알베르게가 생긴 곳이기도 하다. 숙소 마당에는 무슨 수를 쓰더라도 피할 수 없는 비료 냄새에 바비큐 냄새가 섞여 둥둥 떠다녔다. 동네 사람들은 분주하게 장작을 피우고 추수한 옥수수를 담아둔 바구니를 뒷마당으로 날라 왔다. 구석에서 커다란 돼지 한 마리가 빙글빙글 돌아가며 장작불로 맛있는 윤기를 더하는 동안, 우리는 호스피탈레로의 뜨거운 환영과 함께 등록 도장을 받았다.

"오늘은 특별한 동네 축제가 있는 날이에요. 추수감사절 같은 거죠."

주민들이 순례자들 모두 동네 축제에 초대했다며 꼭 오라는 당부를 거듭했다. 마음이 부푼다.

"우리 길을 바꾸길 정말 잘했다. 그치? 안 왔으면 너무 아쉬울 뻔했어."

아름다운 바닷길을 뒤로하고 루트를 바꿔 도착한 마을에서 포르투갈 순례 중 가장 인상적인 저녁을 맞이했다. 민속축제의 밤은 풍년을 감사하고 수확을 축하하는 저녁이다. 음식을 나눠먹고 전통의상을 차려 입은 여인들이 나타났다. 이제 막 소녀티를 벗은 처녀부터 100년 가까이 이런 축제를 봤을 법한 노인까지 모두 둘러앉았고, 단순하고 힘찬 노래에 맞춰서 옥수수 껍질을 벗겨냈다.

여행하면서 아무리 시골이라도 동양인이 단 한 명도 없는 마을은 기억에 없다. 그날 밤 레이치스가 처음이다. 아시아 사람이라고는 나밖에 없다. 동양에서 온 여자를 주민들은 눈치 채지 않게 쳐다봤다. 그들의 관찰은 예의를 지킨 순수한 호기심이었기에 몰래 쳐다본다는 것을 알면서도 불쾌하지도 두렵지도 않았다.

"할머니가 옆에 앉으래요. 쉬우니까 그냥 하시면 돼요."

손짓으로 날 부르는 할머니 손자라면서 아저씨가 아닌 나이든 청년이 다가와 더듬더듬 말했다. 나는 마을 여인들 사이에 끼워주는 특별 대접을 받고 포르투갈 할머니 옆에 앉아 옥수수 껍질을 벗기고 구령에 맞춰 발을 굴렀다. 할머니가 나에 대해 물었던 걸까? 그는 약간 곤란한 표정을 하더니 어느새 20년 가까지 지나버린, 오래전 월드컵을 소환했다. '대한민국~ 짜짜라작작' 그 리듬을 흉내 낸 건지 모르겠지만 나이든 청년의 발음은 어설프고 박자도 안 맞는다. 그래서, 어설픈 억박자라서 또 뭉클 코끝이 맵다. 포르투갈에서 대체 내가 왜 이러는 거지? 요즘 유난스럽게 시도 때도 없는 감동이 해일처럼 몰려다닌다. 나이를 먹은 여자의 호르몬 변화 때문이라고

만 할 수는 없다. 여행자는 가장 자유로운 존재지만, 익숙한 모든 것과 떨어진 외로운 사람이 아니던가. 내 나라니 애국이니 아무런 관심도 없던 사람이라도 유행마저 지나버린 '대애한민국 짜짜라작짝' 리듬을 맞추는 사람을 만나면 더 친절하고 더 좋은 사람이 되고 싶어진다. 포르투갈의 시골 마을 사람들과 리듬에 맞춰 발을 구르며 옥수수 껍질을 벗기고 차오르는 달빛 아래 빙빙 돌며 민속춤을 추었다.

길에서 받는 가장 큰 선물, 아름다운 사람들

완벽한 여행이란 없다고 한다. 나는 모든 여행이 그대로 완벽하다고 믿는 쪽이지만.

가슴을 설레게 만드는 사진, 비현실적인 풍광의 아름다운 영상에는 여행자의 헛발질이나 고생은 보이지 않는다. 공연히 헤매다가 길을 잃고 불친절한 날씨를 온몸으로 견딘 날이 자로 잰 듯 딱 떨어지는 여정으로 마무리한 날보다 더 완전할 수 있다. 나의 포르투갈 도보 여행의 지난 이틀이 그랬다. 계획대로 하지 못한, 놀라울 만큼 마음대로 되지 않았던, 그러나 결과적으로 더 아름다웠던 시간이었다. 레이치스에서 바르셀루스(Barcelos)로 타멜(Portela de Tamel)을 지나 폰츠 즈 리마(Ponte de Lima)까지 50

여 킬로미터 동안 내가 걸었던 것은 그 거리가 아닌 사람으로만 설명할 수 있다. 아름다운 사람들을 만났다.

까미노가 인생과 같다고 말하는 이유 가운데 하나는 계획대로, 생각대로 흘러가지 않는다는 점이다. 한국에서 올 때 이번엔 배낭 배달서비스를 종종 이용하리라고 마음먹었다고 얘기했었다. 편하게 흐르는 것처럼 걸어보리라 다짐했다고. 첫 번째 까미노를 원칙대로, 가열 차게 걸었으니 이번에는 순례보다 여행에 방점을 찍어 고난은 피하고 선물처럼, 소풍처럼 걷고 싶었다. 역시 그렇게 되지 않았다. 일단 프랑스 길처럼 사람이 많지 않으니 배낭을 보내는 서비스가 가능한 지역이 없다. 4-5유로만 내면 짐을 보내고 몸만 가볍게 걸을 수 있는 프랑스 길과 달리 여기서는 택시요금을 내고 사람 대신 배낭을 태워 보내는 꼴이다. 그렇게 하는 사람을 보지도 못했다. 먼저 적극적으로 알아보고 시도하지 않은 이유는 내가 주변 방식과 기대에 맞추는 편이 차라리 편안했기 때문이다. 꼼수나 부리자고 나서서 중지를 모으는 것보다는 차라리 무거운 배낭을 지는 쪽이 편하다. 내게는 얼마나 갈지, 어디까지 갈지를 미리 정하는 일이 어렵기도 했고 성미에 맞지도 않았지만 크레디트 카드를 도난 신고한 상태라 미리 예약하는 것도 불가능했다. 무거운 배낭을 온전히 지고 다녀야 하는 운명이다.

해가 떠오르며 조금씩 땅을 축복하는 의식의 시간, 햇살이 세상을 깨우기 시작하면 그 속으로 걸어 들어가면서 매일 순례를 시작한다. 오늘은 짧게 16km만 걷고 모처럼 슬로우데이(slow day)로 보내기로 마음먹었다. 쉬어갈 장소로 점 찍어둔 바르셀루스에 도착했을 때, 성당 앞 광장은 한껏 차려 입은 사람들로 가득했다.

"순례 중이군요? 오늘 어디까지 걸어가요?"

"오늘은 여기서 쉴까 해요. 타운을 돌아보려는 참이었어요."

"잘됐네요. 우리랑 한 잔 해요. 함께 축하해주세요."

이미 충분히 와인을 마신 듯 보이는 신부의 친구에게 이끌려 얼떨결에 결혼피로연에 합류하게 되었다. 타지에 나가 유학중인 신랑 신부가 고향으로 와서 결혼식을 올리는 것이라고 했다. 까미노에 관심이 많은 신부의 친구들에 둘러싸여 무화과에 치즈, 각종 빵을 곁들여 와인을 마셨다. 드레스 입은 여인들 사이에 꾀죄죄한 순례자 차림으로 계획에 없던 파티를 즐겼다. 오늘의 목적지에 도착했다는 기분에 여유가 생겨 신랑 신부가 웨딩카를 타고 떠나는 것을 배웅까지 했다. 시장기도 다 사라졌고 이제 숙소를 찾아 쉬면 되는데, 이대로 멈추기가 아쉽다. 바삭바삭한 햇살 아래 와인을 마셨고 배도 부르고 다리에 힘이 채워진 느낌이기도 했다. 어디라도 조금은 더 걷고 싶었다. 저녁이 되면 아프고 힘들어 후회할 걸 뻔히 알면서도 더 걸어야 했다. 이렇게 마음이 번번이 바뀌면서 계획은 뭐하려고 세우는지 모르겠다.

- 랄랄라 랄랄라… 랄라랄라랄랄라

배낭을 메고 어깨에 아이를 올려놓은 남자가 행진곡 리듬으로 따라 걷는 아이들을 독려하고 있었다. 슈퍼맨 망토처럼 긴 타올을 두른 아이는 나와 눈이 마주치자 수줍게 웃었다. 내가 먼저 인사를 건넸다.

"하이, 봉 까미뇨(Bom Caminho)."

포르투에서 출발한 순례자 가족이다. 아빠는 큰아들을 가리켜 대장이라고 불렀다. 자신은 막내를 어깨에 올려 옮겨주는 사람 짐꾼일 뿐이라며 슈퍼맨 아들이 대장, 둘째딸이 부대장이라고 한다.

"3년 전부터 매년 아이들을 데리고 순례길을 걷고 있어요. 아내가 몸이 좋지 않아 함께하지 못하지만, 우리가 걷는 것을 기뻐해요."

아픈 엄마가 있는 집에서 아이들이 침울하게 지내는 것이 가슴 아팠다고 한다. 힘들게 투병중인 아내를 위해 쾌유를 기도하는 마음으로 걷고 싶었는데 아이들을 맡아줄 사람이 마땅치 않아 그냥 같이 걷게 되었다는 것이다.

"처음에는 몰랐지만 이제 알죠. 길이 아이들에게 가장 큰 선물이라는 것을요."

까미노를 걷는 것, 자신의 짐을 스스로 등에 메고, 먹기도 쉬기도 쉽지 않은 힘든 시간을 견디게 하는 선물이라니. 게임기를 사주는 것도 컴퓨터 오락을 마음껏 하도록 해주는 것도 아니고 오로지 두 다리로 걸어서 순례하는 것을 아이들의 아빠는 선물이라고 말하고 있었다.

"첫 해에는 큰 녀석도 어렸으니까 정말 힘들었어요. 나도 힘들고 아이들도 힘들고. 그런데 집으로 돌아가 시간이 지나니까 아이들이 먼저 얘기를 꺼내는 거예요. 다시 안가냐고."

"아이들은 힘들었을 텐데 다시 오자고 했다고요?"

"그래서 저도 놀랐죠. '너희들 힘들다고 울었잖아. 그런데 정말 다시 가고 싶어?' 그렇게 물어보면서도 마음속으로 진짜 기뻤어요."

아이들이라고 게임만, 휴대폰을 가지고 노는 것만이 좋아하는 것은 아니었다. 아이들 스스로 세상에는 진지한 즐거움도 있다는 것을 알아차렸다는 것이 놀랍다. 땀과 고통, 침묵 속에 걷는 기쁨은 어른들만 도달하게 되는 차원에 있는 것이 아닐지도 모른다. 매년 조금씩이라도 걸어서 끝까지 완주하자고 아이들과 약속했다는 순례자 아빠. 셋이나 되는 아이들 상태를 살피며 걷고, 먹거리 쉴 자리를 찾아 마련하는 것은 만만치 않은 일이 틀림없다.

"아이들이 스스로 하게 두는 게 제일 힘들어요. 어설퍼도 스스로 씻고 스스로 자기 것을 챙기면서 다른 순례자를 배려하게 하는 게 애들한테는 제일 큰 공부가 되니까요."

그런 아빠를 둔 아이들이 부러웠고, 같은 부모의 입장으로는 조금 부끄럽기도 했다. 말 그대로 스스로 학습이다. 기다려주는 것, 믿어주는 것, 말이 아닌 행동으로 본보기가 되어주는 것까지 순례자 아빠가 하고 있는 일이었다.

“너 한국 사람이니? 오 마이 갓. 나 동.국.대.학.교. 다녔어.”

금갈색 눈동자의 청년이 몸을 휙 돌리더니 입고 있던 셔츠를 보여준다. 등에 서울에 있는 대학교 로고가 새겨 있었다.

“그래? 넌 어디서 왔어?”

“네덜란드 암스테르담. 근데 떠나온 지 너무 오래전이라 이제는 내가 어디 출신인지 혼돈스러워.”

세계 어디든 살고 싶은 곳에서 일을 하면서 살기로 결정한 지 오래되었다고 한다. 집 떠난 지 5년이 넘었다며 이제 네덜란드는 자기가 제일 모르는 나라가 되었다며 웃었다. 그는 스물일곱 살의 청년이다. 독일어, 영어, 프랑스어, 네덜란드어, 스페인어를 할 줄 안다. 세계 어느 나라든 일단 언어 장벽이 거의 없으니 가능한 일이 아닐까 하고 생각했는데, 한국 영화에 꽂혀서 1년 동안 한국에서 지냈다니 말이 통하는 나라만 간 건 아니다. 한국말을 열심히 배웠는데 이제 거의 다 잊었다고 말하는 청년, 얀. 그는 암스테르담에서 일하며 받을 수 있는 수입의 1/3밖에 되지 않는 임금을 주는 포르투에서 일자리를 찾았다. 포르투에 살고 싶어서다. 한 달에 20만 원짜리 월세 스튜디오에서 살면서 자전거로 포르투갈 곳곳을 여행한다. 역시 자유롭게 스스로 해방하는 삶이란 계산을 앞세운 조건부로는 가능한 것이 아니었다. 그는 종교는 없지만 포르투갈 루트를 따라 벌써 세 번째 자전거 순례를 하고 있다. 영적 체험하려는 것도 아니고 이유는 단 하나라고 했다. 정말 끝내주게 멋있어서! 포르투갈이 너무나 아름답다고.

“파전, 너무 먹고 싶어. 이모님의 파전에 막걸리! 너무 맛있어. 너무 그리워.”

떠듬떠듬 다시 떠올린 한국말로 얀은 그립다고 말했다. 그리움은 먹는 것과 짝을 이룰 때 강력해지는 법이다. 엄마가 보고 싶을 때 엄마가 만들어준 음식이 먹고 싶어진다. 비로 홀딱 젖은 포르투갈의 시골길에서 이모님의 파전이 생각났다면 그 음식 때문일 수도 있겠지만, 어쩌면 그리움 때문이다. 그 시절이, 그 도시가, 그 사람들이 그립기 때문이다. 얀은 서울이 그립다고 했다.

아르헨티나에서 온 아이린은 바이올린을 메고 다닌다. 순례자들은 어떻게든 물건을 버리고 빼면서 무게를 줄이는데 바이올린이라니. 버스킹이라도 할 계획이냐고 물었더니 고개를 저었다.

"저는 바이올린 연주할 줄 몰라요."

"연주할 줄도 모르는 바이올린을 가지고 다닌다고요? 왜?"

"함께 걷고 싶어서요. 모레네스(Morenez)랑 함께 걷는 거예요."

"바이올린에 이름이 있어요?"

"네. 이름 예쁘죠? 스페인어로 갈색이라는 뜻이에요."

산티아고 동반자로 바이올린이라. 이름까지 붙여 주었지만 켤 줄도 모르는 바이올린을 가지고 다닌다니 어지간히 멋을 부리는구나 생각했다. 그때는 바이올린을 쓰다듬는 아이린이 조금 쓸쓸해 보인다는 생각은 하지 못했다.

아이린과 함께 타멜(Portela de Tamel)을 출발해서 함께 걸었던 날, 함께 길을 잃고 함께 헤매다가 함께 죽을 뻔했다. 겨우겨우 기어서 폰츠 즈 리마(Ponte De Lima)에 도착했다. 죽을 만하면 반드시 그것을 보상하는 풍광이 나타나는 까미노의 법칙. 꿈같이 흐르는 강 위로 저녁노을이 조각구슬처럼 떨어졌다. 반짝이는 강물을 함께 바라보던 아이린이 말했다.

"모레네스는 제 여동생 이름이에요."

"……"

"저보다 한 살 어린데 우린 매일 싸웠어요. 생각해보면 정말 싸우지 않은 날이 없어요. 제가 산 새 옷을 매번 말도 안하고 자기가 먼저 개시를 하는 거예요. 없어서 찾아보면 구석에 처박혀 있고. 아무렇게나 입고 두니까 그때는 진짜 짜증이 났어요. 지금 생각하면 그게 뭐 그렇게 대단한 일이라고 그렇게 화를 내고 싸웠는지 모르겠어요."

아이린의 동생 모레네스는 어느 날 갑자기 쓰러져 다시 일어나지 않았다고 했다. 쓰러진 후 6개월 만에 세상을 떠난 동생은 바이올린을 켜는 것을 좋아했다고 한다.

"실력은 정말 구렸어요. 혼자 맨날 시끄럽게 하더니 어느 날 저녁식사 후에 처음으로 어떤 곡을 연주했어요. 중간에 끼익~ 소리가 너무 많이 나는 거예요. 듣기 싫다고 음악이 아니라 소음이라고 무지 놀렸는데, 지금 생각하면 그게 제일 미안해요."

폰츠 즈 리마의 강물을 바라보는 벤치에 앉아 아이린의 이야기를 듣는데 자꾸 눈앞이 흐려진다. 아이린의 어깨를 안고 조금 두들겨 주었다. 아이린과 인연이 시작된 날이었다. 세상은 알 수 없는 방식으로 선물을 안긴다. 바르셀루스에서 충동적으로 계획을 바꾸지 않았다면 만날 수 없었던 사람들이다. 포르투의 까미노 가족, 서울을 그리워하는 암스테르담의 얀, 그리고 아르헨티나의 아이린. 뻔한 길을 잃고 헤매는 바람에 생기는 모든 것이 축복이기도 했다. 내리 이틀을 무리한 탓에 걷는 것은 견디기 힘든 고통을 안겨 주었지만, 그저 완벽했다고 생각한다. 완벽한 여행이란 없다고들 하지만, 나는 모든 여행이 그대로 완벽하다고 믿는 쪽이다.

꼴찌라는 이유로, 함께 줄리앙

어떤 순간이 있다. 시간이 한참 흐른 후에도 마치 지금인 듯 생생히 떠오르는 그런 순간. 포르투갈 도보 순례를 하면서 폰츠 즈 리마를 마주했던 그 오후의 때가 그렇다. 태초의 세상이라고 느껴졌던 산꼭대기의 수만 년 전 빙하호수를 바라봤던 날이 그랬고, 지구 밖 행성에 도착한 거라고 상상했던 사암계곡에서도 그랬다. 마치 그 공간이 내 몸 속 어딘가에 새겨지는 것 같은 느낌. 햇살이 떨어져 조각조각 황금빛으로 반짝이던 강물을 잊을 수 없다. 폰츠 즈 리마는 내 몸 속 어딘가에 기억되어 있다.

폰츠 즈 리마는 포르투갈에서 가장 오래된 도시라고 한다. 언제든, 어디서든, 어느 종목이든 '최고'를 차지하기 위한 경쟁은 세계 어디나 흔하다.

폰츠 즈 리마와 이웃한 바르셀루스는 가장 오래된 도시임을 주장하며 서로 다투고 있다. Ponte(다리) de(위) Lima(강), 즉 '강 위의 다리'라는 이름을 가진 도시답게 강만큼 다리도 아름답다. 로마시대 서기 1세기에 처음 놓아진 다리라고 하니 2,000년 전이다. 1369년에 다시 보수해서 지었다는데 길이가 300미터, 폭은 4미터가 넘으니까 21세기의 규모에도 밀리지 않는다. 수천 년, 수백 년 전 기준으로 보면 어이없을 만큼 크게 지은 다리는 양방향으로 마차가 지나기에도 충분하다. 도시에는 바로크 양식의 대저택이 많아 상가와 숙박시설로 쓴다. 넉넉하고 풍요로운 느낌의 도시, 매몰차거나 배척하는 기운이 없는 따스한 거리를 사람들은 적당한 속도로 걸었다. 특별할 것이라고는 없던 가을 오후는 지금도 생생하다. 그 순간이 내 몸 속에 새겨져 있다.

"오늘은 와인을 마셔야 해. 이 지역 비노 베르데(Vinho Verde)라는 와인이 유명하거든."

포르투갈 북부지역 특산 와인은 싱그럽고 독특하기로 유명하다. 하지만 말이야 바른 말이지 이 지역 와인이 독특하기 때문에 와인을 마시는 것은 아니지 않나. 과연 우리가 와인을 마시지 않은 날이 있던가? 순례길에서 와인을 마셔야 할 이유는 차고도 넘쳤다. 비가 와서, 비가 오지 않고 화창해서, 유난히 힘이 들어서, 각별히 수월하게 지난 하루를 축복하려고, 누구의 생일이라서, 심지어 그 누구의 생일도 아니라서 순례자들은 '순례자의

피' 와인을 마신다. 오늘은 이 지역에서만 맛 볼 수 있는 와인이라는 것이 또 하나의 이유였다. 비노 베르데가 어떤 맛이었냐고? '첫 맛에 미네랄이 너무 강했지만, 시간이 지날수록 감귤 맛이 느껴졌다.'라고 그날 일기에 멋부려 적혀있다. '우리는 첫 잔 이후 다른 지역의 평범한 와인을 마시는 것이 더 좋겠다고 결정했다. 결국 모두 다 취했다.'라고도.

폰츠 즈 리마에서 후비아에스(Rubiaes)까지 18km를 걸었다. 20km가 안 되는 비교적 짧은 거리라 해도 산을 넘는 코스라 '쉽지 않은 날'로 분류된다. 아름다운 강변 마을에서 하루 쉴까 했는데, 다음날 비 예보가 있다. '화창한 오늘 산을 오른다.' 아니면 '하루 이 마을에서 쉰다.' 사이에서 고민이 이어졌다. 퇴실 마감시간에 청소하시는 분들이 들어와 겨우 일어났다. 지난 이틀 무리한 터라 바로 산을 넘는 것은 자신 없지만, 그렇다고 화창한 일기를 포기하고 비 오는 날을 택해 갈 수는 없지 않은가. 마음이 오락가락 몸도 뒤뚱뒤뚱 그럴 때 해결방안은 단연코 하나다. 일단 먹기. 아침 먹을 카페를 찾다가 나를 기다렸다는 줄리앙을 만났다.

"텅 빈 신발장에 신발 한 켤레가 남아있었어요. 나보다 더 늦는 사람이 있다는 사실이 위안을 주더라구요."

내가 꼴찌고, 자기는 꼴찌 바로 앞이란다. 뒤뚱뒤뚱 어기적거리는 폼이 딱 내 상태와 비슷해 보였다. 줄리앙은 연 이틀 동안 70km를 걸었다고 한다. 화나는 일도 있었고 생각할 것이 많아 무작정 걸었다고. 그러고 나니 기분은 나아졌는데 몸이 너무 힘들다고 했다. 오늘은 자기가 맨 마지막이

겠구나, 다른 사람들이 하나 둘 나가는 걸 보면서도 도저히 일어나지지가 않아 누워있었다며 말했다.

"보나마나 제가 마지막이라고 생각했는데 신발장에 한 켤레가 남아있더라구요."

진정한 꼴찌(그게 나다)의 신발을 보고 그 사람 혹시 어디가 아픈 건 아닐까 걱정되어 기다렸다는 것이다.

"내일은 비가 온대요. 그러니 오늘 산을 넘어야 해요. 저랑 함께 천천히 가요!"

뮌헨에서 온 스물한 살 줄리앙은 자기보다 더 느리고 힘들어 하는 사람이라는 이유로 나를 찜했다. 내가 도움을 받을 수 있는 사람이 아니라 내가 도와줘야 할 사람을, 내 힘이 필요한 사람을 기다리는 마음이 생기는 것도 까미노의 신비다. 필요한 사람에게 필요한 순간에 그것이 나타나는 것만큼이나 분명한 신비. 까미노에서는 그렇다. 필요한 순간, 필요한 사람에게 기필코 그것은 나타난다. 만약 무엇이 있어야 하는데, 나타나지 않는다면 그것은 정말 필요한 것이 아니라는 뜻도 된다.

줄리앙과 나는 그날 원칙을 하나 세우고 합의했다. '카페가 나타날 때마다 들어가서 쉰다.' 어쨌든 갈 수 있다는 것을 믿고 조급해 하지 않기로 하고 종일 쉬면서 걷기로. 본격적으로 산길이 나오기 전까지 카페가 나오면 들어가서 다리를 쉬고 무언가 먹었다. 해발 405미터면 산이 아니라 언덕이라고, 서울 북한산의 반도 되지 않네, 라고 만만히 생각하기 쉽지만 해발고

지 거의 제로 지점에서 시작되는 오르막은 만만치 않았고, 의외로 숲도 깊었다. 알토 다 포르텔라(Alto da Portela)에 올랐다. 포르투갈 길에서 가장 높은 지점에 도착한 순례자들은 신발을 벗고 쉬었고 기념사진을 찍었다.

내리막부터 무릎이 삐걱거리며 깜짝깜짝 놀랄 만큼 찌릿해서 불안해졌는데, 마침 후비아에스 타운 표지가 보였다. 길목에 들어서자마자 사설 알베르게가 나타났다.

"다행이다. 더 못갈 거 같았는데. 알베르게가 있네."

"조금만 더 가요. 2km만 더 가면 도네이션으로 운영되는 무료 숙소가 있어요."

"난 여기서 쉬어야겠어. 2km 더 갈 자신이 없어."

여기서 묵자는 나와 타운 중심에 있는 무료 운영 숙소로 가자는 줄리앙이 쉽게 합의할 수 없던 지점이다. 가장 힘든 날을 함께 보내서인지 우리 사이에는 전장을 함께 누빈 동지애 같은 것이 생겨난 후였다. 무릎과 발목이 아프다면서도 내게 속도를 맞추고 끌어주며 내내 보호자를 자처해준 줄리앙을 생각하면 의리를 지켜 그의 말에 따르고 싶었는데, 내 다리가 이미 뻣뻣하게 굳어버린 것 같았다. 설사 내 몸통만한 금덩이를 찾을 수 있다고 해도 더 이상 걷기는 무리다.

"그럼 일단 여기서 커피 마시며 쉬죠. 그리고 걸을 수 있으면 함께 가는 거예요."

줄리앙은 내가 쉬고 나면 괜찮을 거라고 했는데, 막상 타르트를 곁들여

커피와 와인을 마셨더니 몸은 더 무거워졌다.

"너랑 끝까지 같이 가고 싶은데 어쩌지? 난 도저히 못 걷겠어."

순례길이 아니었다면 그의 하루 예산을 초과하는 10유로쯤은 내가 보태며 쉬자고 했을 것이고, 줄리앙도 흔쾌히 어른의 호의를 받아들였을 것이다. 10유로는 겨우 13,000원 남짓한 돈이지만 금액이 문제가 아니다. 여기서는 그럴 수 없다. 자기 몸에 맞게, 자기가 정한 고난의 정도에 맞추고 자기 예산에 맞춰서 걷는 자기 길이니까 그렇다. 잠자리로 무료 숙소만 찾아다니고 하루에 한 끼만 먹던 순례자에게 저녁 값을 내주려 했다가 최대한 진짜 순례자처럼 최소한으로 소비하며 보내는 것이 목표라며 거절당한 적도 있다. 때로는 요청하지 않은 것을 자기 짐작대로 주는 것이 호의가 아니라는 것도 알았다. 누군가와 함께하기 위해 무리를 하거나 무리한 제안을 하거나 타인에게 맞추려다가는 후회할 일이 생길 수도 있다. 아쉬워도 헤어지는 것이 좋다. 거듭 뒤돌아보며 줄리앙이 떠났다. 힘들고 아픈 날 함께한 친구라서인지 단 하루를 함께 보냈을 뿐인데도 헤어짐이 짜르르 쓰리다.

줄리앙을 보내고 나는 15유로의 사치를 누렸다. 10유로짜리 숙소, 세탁과 건조에 5유로를 쓰는 사치스러움은 오로지 순례길 기준이다. 여행하면서 유명·맛집에서 한 끼 식사에 눈 하나 깜짝하지 않고 150유로를 내는 사람이라도 순례자가 되면 달라진다. 5유로, 10유로에도 가슴이 덜컥 내려앉아야 정상이다. 고난 자체가 보상인 길을 걸으며 이렇게 '호화롭게' 지내도 되는 거냐고 물으면서 나는 세탁기를 돌리고 옷을 뽀송하게 말려주는 건조기를 사용했다. 인간에게 건조기를 발명해준 사람은 처음 아이스크림을 만들어 준 사람만큼이나 초인류적 존경을 받아야 마땅하다.

Chapter 3

산티아고까지

미뇨 강을 건너지 못하는 마음

바지가 없어졌다. 빨아 널은 내 바지는 사라지고, 엉뚱한 바지 하나가 남아있다. 한쪽 가랑이에 내 다리 두 개쯤은 넣을 수 있을 만큼 엄청 커다랗고 넓게 늘어난 바지. 누군지 이 바지 주인이 내 바지를 입고 갔다는 얘기인데, 그 남자 혹은 그 여자는 이렇게 큰 것과 내 것을 어떻게 헷갈릴 수 있단 말인가? 아무리 같은 색깔이라고 하더라도 말이다.

지난 밤 포르투갈을 떠나기가 아쉽다며 사람들 모두 술을 좀 과하게 마시긴 했다. 포르투갈을 떠나 스페인에 입성하는 날. 한 달 전만 해도 길에 똥이 많고, 개 많고 온통 시멘트 포장도로를 걷는 길이라고 그렇게 불평을 했으면서, 정작 국경마을에 도착하니 포르투갈을 떠나기가 아쉽다. 포르투갈의 수도 리스본에서 소매치기 도둑이 허리춤에 차고 있던 힙색 전체를 끊고 훔쳐 가져가 버리는 바람에 두 달 여행 경비로 지녔던 모든 현금과 여권까지 몽땅 잃어버리는 사고를 겪었지만, 포르투갈은 내게 가장 따스한 사람들의 나라다. 할 수 있다면 계속 포르투갈에 머물고 싶었다. 이 나라를 벗어나게 된다는 서운함, 마치 지금 헤어지면 다시 못 볼 친구를 보내는 것 같이 애틋하고 미루고 싶은 일이었다. 마음이 온통 떠나지 않겠다고 버티는데 그냥 강을 건널 수 없었다. 뚜이(Tui)로 가는 대신 발렌사(Valenca do Minho)에서 배낭을 내렸다.

포르투갈 발렌사는 스페인 뚜이와 미뇨 강(Minho) 하나를 사이에 두고 있다. 강을 가로 질러 놓인 다리 중간지점에서 국경이 나뉜다. 국경도시 발렌사의 요새는 13세기에 처음 세워졌다. 고딕과 바로크 양식이 혼합된 형태의 성벽은 아직 견고하다. 스페인을 향해 미뇨 강 쪽으로 대포를 겨누고 있는 요새는 이제 인기 있는 관광지다. 사람들은 미뇨 강 다리에 표시되어 있는 스페인-포르투갈 국경을 밟으며 인증샷을 찍고 와인을 마시기 위해 강을 건너와 요새를 점령한다.

발렌사 알베르게에는 포르투갈에 하루라도 더 있고 싶다는 미련으로 남은 사람들이 많았다. 스페인 입성을 미루고 주저앉은 순례자들은 늦은 시간까지 부드러운 조명에 싸인 요새를 걷고 포르투갈을 떠나는 기념으로 와인 세례를 받았다. 누군지 그 사람 역시 숙취로 몽롱한 아침을 맞았을 테고, 비몽사몽간에 내 바지를 걷었을 것이다. 혹시 그는 밤새 그의 바지가 쫄쫄이가 되어버렸다고 생각하며 입고 갔을까? 돌아오지 않은 걸 보면 아직 바지가 바뀐 걸 모르는 걸까? 쫄쫄이 바지를 입었을 덩치 큰 사람을 상상하니 웃음이 났다. 순례자에게는 모름지기 '불평하지 않는다.'는 원칙이 있다. 커다란 자루 같은 옷에 나를 넣고 허리를 옷핀으로 고정했다. 처녀 시절에 비하면 몸이 불어 사이즈가 3개나 커져버렸으니 뚱뚱해진 후 처음으로 느껴보는 감각, 크고 헐렁한 옷을 입는 어색한 기쁨이 찾아왔다. 흘러내리는 옷을 즐기기로 했다. 커다란 바지 자락이 휘적거렸지만, 걷다 보면 편해질 것이다.

미뇨 강 다리에 소심하게 혹은 무심하게 표기된 국경을 넘었다. 스페인이다.

뒤꿈치 통증이 가라앉지 않으면 뚜이에서 쉴까 했는데 걷기에 딱 좋은, 더 좋기 힘든 날씨를 맞았으니 휴식은 반납한다. 햇살과 바람은 합심이라도 한 듯 구름으로 시간을 연이어 하늘장면 전환 쇼를 펼쳤다. 기분이 좋아서인지 무릎이 평소보다 반 뼘씩 높이 올라갔다. 일기예보에 의하면 내일부터 계속 비다. 포르투갈에서는 비 한 방울 맞지 않았는데, 스페인에 입성하자마자 기다렸다는 듯 비 소식이다. 내일은 어찌될지 모르는 것, 오늘의 할 일은 갈리시아의 환상적인 까미노를 즐기는 것이다. 아늑하고 시원한 숲속, 폭신한 길, 온몸 가득 습기를 머금은 풀이 누운 흙이 부드러웠다. 내일부터 비가 온다니 이 길은 곧 질척하고 찐득거리는 뻘이 되겠지만, 오늘은 천상의 축복같이 느껴진다.

"다 맛있을 것 같아요. 결정하기가 너무 어렵네요."

포르투갈을 떠나기 아쉽다고 눈물을 찔끔거렸던 내가 맞나? 갈리시아의 음식을 앞에 두니 스페인 찬양이 절로 나온다. 결정할 수 없을 때는 둘 다 시켜보라는 매우 현명한 주인장의 조언대로 2.5인분을 시켜서 접시를 깨끗이 비우는 신공을 발휘했다. 이게 모두 바지 때문이다. 숨 쉬기도 거북할 만큼 많이 먹었는데 바지는 자꾸 흘러내렸으니까. 발렝사에서 포리노(O Porrino)까지 20km를 걸었다.

"비가 잦아들면 출발할 거야. 너 먼저 가."

늦장을 피울 생각이었는데 마리(Marie)는 나를 기다리겠다고 한다. 체코 출신 런던 유학생 마리는 쿨하다고 해야 하나 시니컬이라 해야 하나. 그 경계선에 있었다. 딱히 호감형이라고 말할 수 없는 태도를 일관하던 마리가 발렝사에서 함께한 포르투갈 이별식, 와인파티 이후 친밀하게 굴었다.

"네가 술을 마신 후에 말이야…. 정말 재밌었어."

이 말은 내가 어떤 실수 혹은 바보짓을 했다는 뜻이다. 마리는 자세한 얘기 없이 웃기만 했고, 나도 불안해서 더는 묻지 않았다. 다만, 까칠하고 신랄한 마리가 그냥 웃을 정도면 나쁜 실수보다는 푼수 짓에 가까울 것이고, 마리는 덜 떨어진 사람에게 애정을 느끼는 모양이다.

갑자기
스페인 경찰들에
둘러싸여,
통역이
필요해

마리와 함께 비를 맞으며 도시를 빠져나와 한참 걸었을 때 비로소 카페가 나타났다. 비를 맞고나니 커피 생각이 간절했다. 커피를 마시려고 카페에 들어가서 알았다. 막판에 허둥대다가 마리가 좋아하는 덜렁이 짓을 한 번 더 했다는 것을. 비에 젖지 않게 깊숙이 넣으려고 따로 챙겨 두었던 여권과 순례자 패스포트, 지갑, 그러고 보니 시계도 없다. 나오기 직전에 손을 씻었는데 얌전하게 세면대에 놓고 나온 것이 틀림없었다.

마리에게 기다리지 말고 가라고 한 후 빛의 속도로(그렇게 빨랐을 리는 없다. 여하튼 내가 뛸 수 있는 최고 속도 빠르기로) 뒤돌아 뛰었다.

알베르게는 이미 닫혀있었다. 마지막으로 나오는 사람이 자동 잠김 장치를 누르게 되어있는 구조다. 오후 3시 관리자가 오기 전까지 들어갈 수 없는 상황이었다. '오후 세 시라니! 여섯 시간을 마냥 기다릴 수는 없어.'

절박함에 알베르게 앞에 있는 건물로 무작정 뛰어 들어갔다. 같은 골목 안에서 입구를 마주하고 있는 건물이니까 담당자 연락처라도 알아낼 수 있을지 모른다는 희망을 가지고.

"도움이 필요해요. 지갑, 여권, 애플 워치를 저 안에 두고 왔어요."

헐레벌떡 빌딩 사무실로 들어가 나는 손짓 발짓으로 절박함을 표현했다.

"저 빌딩에 비상연락 가능할까요? 전화번호?"

사무실에서 나를 바라보던 뿔테 안경 청년이 다가와 내게 물었다.

"어쩌고 저쩌고가 어쩌고 그래서 저쩌고라는 겁니까?"

대충 이렇게 해석되는 스페인어였다. 그는 내가 알아들을 수 없는 말을 반복했고 나는 여권, 지갑, 애플워치. 긴급이라는 말을 반복했다. 알 수 없는 표정을 짓던 뿔테 안경에게 나의 절박함이 전달된 걸까? 그는 눈을 동그랗게 뜨며 놀라는 표정으로 뭐라고 물었고, 나는 고개를 끄덕인 것 같다. 그는 눈을 더 크게 뜨고 빌딩을 가리키며 물었다.

"인사이드? 인사이드(Inside)?"

'그렇다니까. 안에 두고 나왔으니 문제지 밖에 있으면 뭐가 문제야?'

난 그렇다고 했다. 순간 그의 표정이 결연해지더니 전화기를 들었다. 드디어 그가 상황을 이해하고 관리자에게 전화를 하는 모양이었다.

얼마나 지났을까? '삐보~ 삐보~ 삐보~' 경찰 사이렌이 울린다. '경찰출동

사이렌 소리는 어디나 다 비슷하구나.' 그런 생각을 했다. 경찰차는 건물 바로 앞에 섰다. '띠이 띠띠… 뿌이뿌이' 확성기를 켜는 소리가 들리고 경찰차 문 네 짝이 동시에 활짝 열렸다. 범죄영화에서 보면 조폭이나 경찰들이 차 문을 저렇게 한꺼번에 열던데 정말 실제로도 그러는군, 하면서 구경했다. 그런데… 어라? 차에서 내린 정복 경찰들이 나를 노려보며 다가오는 것이 아닌가! 무전기를 들고 있는 사람은 알베르게 빌딩으로 뛰어가며 뭐라고 소리쳤고, 세 사람이 다가와 나를 둘러쌌다. 세 명 중 가장 풍성한 눈썹을 가진 경찰이 내 눈을 보며 말했다. 또박또박 천천히, 스페인어로. 아무리 천천히 말한다고 해도 모르는 외국어를 알아듣게 되는 것은 아니다. 다만 지금 내가 괜찮지 않은 상황에 놓인 것만 짐작할 뿐이었다.

죄를 지은 것도 없는데 가슴은 쿵쾅거렸다. 범죄영화에서 보던 장면처럼 경찰차 문 네 짝을 동시에 열고 뛰어나온 정복 경찰들, 그 중 셋이 나를 에워싸고 뚫어져라 바라보며 각기 알 수 없는 스페인어를 쏟아내는 상황에서 시간이 얼마나 지나갔을까. 풍성한 눈썹의 경찰이 다른 경찰들의 입을 다물게 하고 물었다. 또박또박 천천히 스페인어로. 나는 같은 말을 되풀이 할 수밖에 없었다.

"요 노 아블로 에스빠뇰~(저는 스페인어를 하지 못합니다)."

난감한 표정으로 나를 노려보던 풍성한 눈썹이 알베르게 빌딩을 살피던 무전기 경찰을 불렀다. 가까이 왔을 때 무전기에서는 박자를 맞추지 못하는 힙합 뮤지션의 랩처럼 끊어지고 서로 튀는 소리가 연신 쏟아졌다. 무전기 경찰은 영화 「마스크 오브 조로」를 찍을 무렵의 안토니오 반데라스와 꼭 닮았다. 그가 다가와 내 코앞까지 얼굴을 들이댔다. 가슴이 조금 더 쿵쾅거렸다. 안토니오(편의상 그를 이렇게 부르자. 무전기 경찰보다는 사람 이름으로 부르는 게 예의가 아니겠나? 게다가 그는 정말 반데라스와 닮았다)와 내가 마주서자 다른 경찰들은 급히 자리를 비켜주듯 빌딩 주변으로 미끄러지며 흩어졌다. 안토니오는 오른쪽 눈꺼풀을 0.3초쯤 늦게 감는 방식으로 눈을 깜박이면서 버터가 많이 섞인, 끝이 동글게 말려 올라가는 영어로 속삭였다.

"레이디, 다친 데는 없나요?"

"……네 괜찮아요."

"레이디, 경찰에 신고하셨죠? 도둑이 아직 저 안에 있다는 거죠?"

"도둑이라뇨?"

엥? 도둑? 무슨 소리지? 그러다 뿔테안경 청년이 떠올랐다. 그와 나는 각기 영어와 스페인어 단어를 주고받으며 불통을 거듭했었다. 그가 결의에 찬 표정으로 누군가에게 전화를 했었는데 설마… 그런데 정말 그렇게 된 건가? 확실하지는 않지만 난감한 상황이 되어버렸다. 답답해도 내가 불평할 수 있는 일은 아니다. 한국의 해남쯤 되는 시골마을에 여행 온 외국인이 있다 치자. 외국인이 하는 영어를 마을 주민이 찰떡같이 알아들어야 하나? 뿔테안경이 잘못 알고 경찰 신고까지 했다고 해도 그의 잘못은 아니다. 통역앱이 절실했던 상황이었는데 네트워크를 잡지 못했고 마음이 조급해져서 벌어진 해프닝이었다. 도둑 같은 건 없었다고, 내 실수로 여권과 지갑을 넣은 파우치, 시계를 건물에 두고 나왔다고. 난 그저 청년이 빌딩과 관계자 누구라도 전화번호를 알고 있지 않을까 해서 도움을 청했던 거라고 설명했다.

'빌딩 문을 열어줄 수 있는 사람의 연락처를 물었을 뿐이라고요.'

다행히 안토니오는 내 말을 알아들었다. 사무실 안에 있는 뿔테안경을 불러 무언가 확인하는 것 같다. 경찰과 청년이 몇 마디 주고 받았다. 그러더니 청년은 얼굴을 붉히고 머리를 긁으며 말했다

"…로 시엔토…."

'로 시엔토'는 내가 외워 알고 있는 몇 안 되는 스페인어 중 하나, 미안하다는 뜻이었다. 그 뿔테안경 청년의 난감한 표정과 미안하다는 말을 듣는 순간 내 가슴에서 쿵, 무언가 내려앉았다. 미안하다니… 미안하다니… 모두 내 잘못인데. 칠칠치 못하게 물건을 흘리고 나온 것도 내 잘못이고, 스페인을 여행하면서 돼먹지 않은 영어로 호들갑을 떤 것도 내 잘못이다. 애먼 청년에게 비상, 긴급을 외치며 전화번호를 찾아달라고 한 것도 모두 다 내 잘못이다. 그가 내 말을 오해하고 도둑맞았다는 외국 아줌마를 구하려 엉뚱하게 도난 신고를 했지만, 잘못은 내게 있었다. 뿔테안경이 안도감과 부끄러움, 난감함이 뒤섞인 표정으로 나를 향해 미소를 지었을 때, 그때 주체할 수 없는 감정이 휘몰아쳤다.

"아녜요. 내가 미안해요. 당신은 잘못 없어요. 고맙습니다, 정말. 고맙고 미안해요."

이번에는 영어로 말하지 않았다. 스페인 말에 한국말로 눈물을 찔끔거리며 사과했다. 너무나 미안했다.

"레이디, 괜찮아요. 당신 잘못 아닙니다. 걱정 마세요."

내가 눈물을 찔끔거리자 안토니오와 청년이 더 당황한 눈치였지만 어쩔 수가 없었다. 나는 왜 이렇게 칠칠치 못할까, 오전 내내 허둥대다 실수하고, 빗속을 뛰어 돌아와 애태우고 걱정하다가 결국 다른 사람한테 폐나 끼치고. 경찰까지 출동시킨 후 죄 없는 청년을 난감하게 만든 모든 일들이 설명할 수 없이 서럽고 미안해서 눈물이 났다.

"정말 다행입니다. 당신이 스페인에 와서 도둑을 맞은 게 아니라서. 그럼 된 거예요. 아무 문제 없습니다."

물건을 흘리고 나오는 바람에 오히려 기억할 수 있는 하루가 되지 않았냐며 안토니오는 거듭 나를 안심시켰다. 풍성한 눈썹은 안토니오에게 나를 달래주라고 했다. 스페인어를 어떻게 알아들었냐고? 고개를 5도쯤 옆으로 기울이고 눈꼬리를 축 내린 후에 웃으면서, 손으로 가슴을 쓸어내리며 하는 말이 그럼 무엇이었을까? 마음은 통역이 필요 없는 언어다.

결국 스페인 경찰이 알베르게 책임자에게 연락을 취한 후 문을 열어주었다. 공교롭게도 스페인의 공립 알베르게는 경찰국의 지휘감독을 받는다고 한다. 안토니오와 함께 2층으로 올라가 얌전히 나를 기다리던 파우치와 시계를 찾아 나왔다. 헤어지기 전, 나는 그에게 안토니오에게 반데라스를 닮았다고 했다. 딴에는 칭찬이었는데 그는 천천히 앞머리를 넘기더니 웃으면서 말했다.

"다들 그렇게 말하지만, 솔직히 제가 훨씬 낫죠."

그제야 맘 놓고 깔깔 웃음이 나왔다.

요란한 아침을 보내고 난 후 가열 차게 걸어 야트막한 산을 두 개 넘었다. 유칼립투스 향기가 넘실거리는 숲이었다. 오르막과 내리막길이 반복되지만 기울기가 완만해 전투적인 산행은 아니다. 적당히 숨이 찼다. 왜 그런지 유칼립투스 향은 번번이 치료실 같은 것을 연상시킨다. '피톤치드 아로마 치료실이란 것이 있다면 이런 향기로 가득하겠지.' 그런 상상을 하면서 숲

향기에 흠뻑 젖어 걷다가 작고 아름다운 마을 모스(Mos)를 지났다. 숙소 문을 열어달라고 사건을 일으켜 경찰을 출동시킨 꼴이 돼버린 아침, 드라마를 찍느라 출발이 늦었지만 17km를 힘차게 걸어 레돈델라(Redondela)에 도착했다. 산티아고까지는 90여 킬로미터가 남았다. 산티아고가 가까워지면서 종종 순례자를 만날 수 있어서 좋았다. 이제 정말 며칠밖에 남지 않았다.

15세기에 지은 레돈델라의 산티아고 성당 주변을 돌아보는데, 빗방울이 다시 떨어지기 시작한다. 밤새 퍼붓고 내일 걷기 시작할 때는 맑게 개이길, 딱 그거 하나면 더 바랄 것이 없다고 기도했던 것 같다. 기도가 잘못된 것이었을까, 아니면 경찰까지 출동시키고도 운 좋게 넘어간 대가를 한꺼번에 지불해야 했던 걸까. 순례 전체를 통틀어 가장 견디기 힘들었던, 2년이 지났지만 아직도 상처가 선명히 남은 재앙이 기다리고 있을 줄 모르고 까무룩 잠이 들었다.

베드버그와 배추벌레, 베를린에서 날아온 소식

'It never rains but pours.'라는 서양 속담처럼 행운도 불운도 몰려다닌다. 좋은 일도, 재수 없는 일도 그렇다. 밤사이 베드버그에 잔뜩 물어 뜯겼다. 게다가 이른 아침부터 장대비까지 내린다. 집 떠난 지 40일 되는 날, 포르투갈에서는 그렇게 쨍쨍하던 날이 스페인 국경을 넘는 날부터 비 예보를 하더니 결국 장엄한 비다. 악명 높은 베드버그, 침대벌레라고 부르는 이 끔찍한 흡혈 해충의 정체는 빈대다. 개미나 모기에 물린 것과 다른 점이 있다면 이것들이 물어뜯은 흔적은 영락없이 연이어 '다닥' 두 번이거나 혹은 삼각대형으로 '다다닥' 부풀어 오른다는 것이다. 게다가 그 가려움의 정도란 상상초월, 나도 모르는 사이에 살갗에 피가 나도록 긁다가 진저리를 치게 된다. 심지어 상처도 오래 간다. 베드버그에 옮거나 물린 사람들의 고생담은 눈물겹다. 괴로움의 끝을 보는 비이성적인 투쟁의 기록은 다소간 엽기적이다. 전자레인지에 배낭과 신발까지 넣고 돌렸다거나 라이터 불로 옷 솔기를 지지다가 옷을 망쳐 버렸다거나, 빈대 잡으려다 초가삼간을 태운다는 말을 비로소 이해할 수 있게 된다. 베드버그를 모두 몰살시킨 후라도 그것들이 사람 피를 빨고 교환해 둔 독으로 부풀어 오른 자국은 기어코 거무튀튀한 때처럼 자국까지 남긴다. 이런저런 생각을 하니 가렵기가 더 심해졌다.

베드버그에 물렸으니 재빨리 옷과 소지품을 모두 세탁해야 한다. 숨어있는 베드버그가 바스러져버릴 만큼 바짝 건조시켜야 한다. 까딱 잘못했다가는 상상초월 가려움이 온몸으로 퍼지고 옆 사람, 내가 묵는 숙소에 옮겨갈 위험이 있다. 베드버그 퇴치가 급선무이건만 이렇게 비가 온다면 불가능한 일이다. 레돈델라에 건조 빨래방이 없다. 여기보다 폰테베드라가 더 큰 마을이니까 세탁과 건조가 가능한 숙소를 찾을 수 있을 거라고 위안하며 털고 일어났다. 목덜미와 가슴팍에 조그만 언덕이 솟아난 것처럼 우다다다 물어뜯은 자리에 멘솔크림을 잔뜩 덮고 출발했다. 차라리 비를 흠뻑 맞으며 걷는 것이 마음 편할 것도 같았다.

처음 산티아고 순례길을 걸을 때 스페인에서 하루도 빼지 않고 비를 맞았다. 그 이후 초록색 판초 우의는 나의 트레이드마크가 되어버렸다. 친구들은 초록색 판초를 입고 천천히 걷는 나에게 배추벌레라는 별명을 붙여주

었다. 오랜만에 배추벌레가 되어 걷는다. 온몸이 근질근질 베드버그 공포로 쪼그라들었는데 코가 뻥 뚫리도록 시원한 숲이 나타났다. '산도깨비 방향제 백만 통!' 피톤치드 숲을 걸으며 부러 큰 소리로 아무렇게나 가사를 붙여 노래를 만들어 불렀다.

걷다가 지나게 된 시골 마을, 소우토마요르(Soutomaior)는 베드버그도 잊을 만큼 말문이 막히도록 아름답다. 에스프레소 한 잔을 주문했지만, 혹시라도 내 배낭 어딘가에 있을지도 모르는 베드버그 걱정에 카페에 들어가지 않고 길에 놓인 파라솔에 앉았다. 세월이 차곡차곡 내려 앉은 멋진 삼파이오 다리(Ponte Sampaio)를 바라보는 것이 좋았다. 불멍이 있고 물멍이 있다면 나의 그 시간은 다리멍이었다. 얼마나 오래 마냥 시간을 보냈는지 모르겠다. 아이스크림이 녹지 않기를 바라며 아껴 핥아 먹는 기분으로, 아끼고 아끼는 마음으로 삼파이오 다리를 건넜다. 발바닥으로 시간을 밟고 있다는 느낌에 가슴이 벅차다. 더 오래된 다리를 지난 적도 있고, 세계적으로 유명한 다리를 구경하며 건너기도 했지만, 이런 기분은 느껴본 적이 없다. 수백, 수천 년의 시간이 부피를 가진 물질이 되어 내 발 아래 놓여있다는 감각. 사는 동안 처음이었다.

"여기서 점심 먹어도 괜찮대. 내가 허락 받았어."

로사 아줌마가 빌라모아 성당 안으로 손짓을 하며 주변을 서성대는 나를 불렀다. 배가 고팠지만 비 때문에 앉을 자리를 찾을 수 없어 난감하던

차였다. 베드버그도 걱정이었다. 속내를 말하니 베드버그는 따듯한 곳에서 침대, 수건, 옷 같은 섬유질로 옮겨가는 거니까 걱정할 필요도 없단다. 안심이다.

“근데 누구한테 허락 받았어요? 성당에서 음식을 먹어도 된대요?”

“응. 내가 성모님께 물어봤더니 괜찮다고 하더라고.”

세비야 근처에 산다는 아줌마 로사는 뭐든 성모마리아에게 묻고 허락을 받아내는 데 특기가 있다. 주로 난감한 상황에서 찜찜한 행동을 하기 전에 그랬다. 매번 마리아님한테 허락을 받았단다. 로사는 성당을 지나는 사람들을 불러들였다. 이태리 부부, 벨기에 아저씨까지 들어오자 조그만 성당이 가득 찼다. 나란히 앉아 성모마리아상을 마주보며 챙겨온 점심을 먹었다.

성당에서 로사는 성모상을 향해 어떤 기도문을 암송하며 성호를 그었다. 우리는 로사가 하는 행동을 보고 따라하고 있었는데 장난기가 발동했다. 누군가 마리아님 감사합니다, 라고 말하고 첨벙거리는 비를 털어 짠 후로 ‘감사합니다’는 ‘레디, 액션!’이 된 것이다. 감사합니다 하고 말한 후에 부스럭 소리를 내며 먹었고, 감사합니다 라면서 냄새 나는 신발과 양말을 벗었다. 괜히 누구든 큰 소리로 감사합니다, 라고 말을 하면 모두 함께 웃었다. 대체 그게 왜 그렇게 웃을 일인가 말이다. 순례길에서는 이상한 것이 놀이가 되고 즐거움이다. 고요한 순간이었는데 피터가 모기소리로 거푸 감사합니다, 라고 하는 게 아닌가. 죄지은 얼굴로 발가락 물집 치료 중이었다. 우리는 모두 단체로 웃는 간질에 걸린 것처럼 배꼽을 잡았다. 폭포처럼 비가 쏟아지던 날 성당에서 우리는 배가 아프도록 웃고 꺼이꺼이 남은 웃음을 집어 삼켰다. 성당은 거룩한 기도하는 사람들만을 위해서가 아니라 비를 피해 먹고, 냄새나는 양말을 벗어야 할 사람을 위해 거기 있었다. 무거운 짐진 자들이 열렬한 감사를 바쳤다.

거대한 은혜를 받고 성당에서 나와서 일주일 전에 만났던 베를린 예술가 마이클과 마주쳤다. 수심이 가득하다는 건 이럴 때 쓰는 말이구나 싶을 만큼 얼굴에 그늘이 가득하다. 레이치스에서 처음 만났을 때 그는 날라리 오빠 혹은 노는 형 같았는데 그런 분위기는 모두 사라진 채였다.

"독일 친구들은 다 어디로 가고 혼자야?"

"혼자 걷고 싶어서. 마음이 복잡한 일도 있고 보조를 맞추는 것도 부담스러워서."

그는 동독 출신 예술가다. 나중에 보니 알 사람은 다 아는 성공한 화가이자 사진 예술가다. 독일 사람이라면 알만한 유명인이니 그의 실제 이름 대신 여기서는 마이클이라고 부르겠다.

"나의 첫 번째 아내였던 레나의 아들이 자살했어. 우울증이 심했거든."

마이클은 세 번 결혼했다. 첫 번째는 연상의 이혼녀, 두 번째는 동갑내기 미혼모였다고 한다. 첫 번째 두 번째 부인의 아이들을 함께 키웠고, 본인 소생 아이는 없다. 5년 전 세 번째로 스물다섯 살 연하인 현재 부인과 결혼했다. 그녀에게는 첫 결혼이고 둘 사이에도 아이는 없다.

"레나와 10년을 함께 살았어. 지금도 레나와 그 녀석이 내게는 가장 소중한 친구야."

레나는 마이클보다 열 살 연상이다. 여덟 살 어린 의붓아들 다니엘과 마이클은 친한 친구 같은 사이였다고 한다. 이혼했지만 가장 소중한 친구라는 첫째 부인 레나와 그 아들 얘기를 하는 마이클이 견딜 수 없이 슬퍼보인다. 절친과 다름없는 사람의 자살 소식에 한숨도 자지 못했다는 마이클 얼굴이 까칠했다.

"나흘 후면 산티아고에 도착할 수 있겠지만 아무래도 베를린으로 가야 할 것 같아. 레나를 위로할 사람이 나밖에 없어."

"그래 마이클. 순례야 나중에 다시 하면 되지. 마음이 그렇다면 베를린으로 돌아가."

"레나가 극구 오지 말라네. 아내도 곧 산티아고에 올 거라 애매하고. 함께 여행하기로 했거든. 아내는 내가 레나와 연락하는 걸 너무 싫어하는데, 이 상황을 이해하려 하지 않을 거야."

"이해할 거야. 사람이 죽었잖아. 친한 친구나 마찬가지였다며."

"글쎄… 그렇지 않을걸. 크게 싸우게 되겠지."

레나는 돌아오지 말고 아들을 위해 끝까지 걸어 달라고 했단다. 최근에 통 만나지 않았던 게 너무 미안하고 슬퍼서 레나와 통화하면서 함께 울기만 했다는 마이클은 자기 마음을 모르겠다고 했다. 자기 안에서 누군가 자신에게 말을 건네고 있는 느낌인데 그걸 모르겠다고. 그는 모르겠다는데 왜 나는 알 것만 같은지. 왜 내게는 이렇게 또렷하고 확실하게 보이는 것일까. 마이클은 현재 부인을 무척 사랑하지만 대화가 전혀 안 되는 사람이라고도 했다. 대화가 되지 않는 사람과 어떻게 사랑에 빠질 수 있었는지 나로서는 이해할 수 없지만, 통하지 않아도 사랑할 수 있는 높은 경지가 있나보다, 하고 존중하기로 했다. 빨갛게 충혈된 눈으로 마이클이 물었다.

"너라면 어떻게 하겠어?"

"나는 네가 아니잖아."

"……"

생각이 많아 걸음이 늦어지는 마이클과 나는 보조가 맞았다. 대화를 나눌 수도 없을 만큼 빗줄기가 굵어져서 우리는 조금 떨어져 걸었다. 갈리시아에서는 눈뜨기도 힘들게 쏟아지던 비가 어느 한순간 멈춘다. 샤워기에서 쏟아지던 물을 잠근 것처럼 순식간에 비가 그치고 한 순간에 하늘이 갰다.

"아내에게 전화해서 오지 말라고 해야겠어. 베를린으로도 가지 않을래. 아무래도 혼자 있을 시간이 필요할 것 같아."

"잘 생각했어, 마이클."

"엉킨 실 같은 마음이야. 풀릴 때까지 걷고 싶어."

우리는 이미 알고 있는 답을 모르는 척 자신을 속이고, 아는 답을 찾아 헤맨다. 잠시 하늘이 개인 사이에 마이클은 한 겹을 벗은 것처럼 보였다. 마이클과는 따로 걷고 폰테베드라(Pontevedra)에서 만나기로 했다. 레돈델라에서 20km 걸어 폰테베드라에 도착했다.

광장 모퉁이 식당의 주인 부부

"오늘 저녁은 문어로 하자. 폰테베드라에서는 무조건 문어를 먹어야 한대."

슬픔에 빠져있는 마이클을 어떻게든 위로하고 싶어서 내가 저녁을 사겠다고 했다. 연락이 문제다. 나는 인터넷만 가능한 심카드를 넣어 스마트폰을 사용하는데 데이터를 모두 소진한 상태고, 마이클은 통화만 되는 구식 폴더폰을 지니고 있다. 와이파이가 되는 곳에서 어떻게든 인터넷으로 전화를 하겠다고 한 후 헤어졌다. '오늘 저녁 아무래도 술을 많이 마시게 되겠군.' 일종의 다짐을 하고 걸었다. 폭포 아래에서 안마를 받는다고 상상하며 다시 쏟아지는 비를 맞았다.

폰테베드라에서 건조기를 갖춘 괜찮은 숙소를 찾았다. 화상만 면할 정도로 뜨거운 물로 샤워를 하고 옷을 모조리 세탁기에 넣었다. 베드버그놈들 어디 두고 보자.

저녁을 먹기로 했는데 문제는 공휴일이라 문 연 식당이 없다. 마이클을 만나기로 한 무엘예(Muelle) 광장으로 나가 식당을 찾아 헤맸다. 광장을 오가며 종종거리는 나를 모퉁이에 앉은 중년 부부가 바라보았다. 내가 상황을 파악하지 못한다고 생각한 걸까? 지켜보던 아주머니는 손을 흔들어 나를 불렀다.

"식당? 모두 닫았어. 오늘은 휴일이에요."

"문을 연 식당이 하나도 없을까요?"

친구에게 문어요리 사주기로 했다고 문어요리 하는 식당이 어디냐고도 물었고 배가 고프다고 종일 굶었다고도 한 것 같다. 번역기는 대체 말을 어떻게 전달한 건지 아주머니와 아저씨는 나를 앞에 세워두고 다투기 시작했다. 두 사람 모두 목소리가 높아지고 말이 빨라졌고, 답답할 때 짓는 딱 그런 표정을 지었다. 아저씨는 고개를 절레절레 하면서 시선을 피하고 아주머니는 혼잣말을 하듯 외면한 채 쉬지 않고 말했다. 부부들이 다투는 모습은 어느 나라나 참 비슷해 보인다. 그런데 사람을 앞에 두고 갑자기 자기들끼리 뭐야? 황당한 상황에서 슬며시 비키려는 찰라였다. 아주머니가 나를 보며 손가락을 모아 입으로 가져가며 먹는 시늉을 하며 말했다.

"문어는 없어. 저기가 내 식당이에요. 음식을 해줄게요."

셔터를 내렸던 광장 모퉁이의 식당 '아사도르 오 무엘예'의 주인 부부였다. 아주머니가 나를 가게로 이끌었고 불만이 가득한 표정의 아저씨는 못 이기는 체 문을 열고 식당 한쪽 불을 켰다. 그제야 둘 사이 언쟁의 이유가 나와 관계된 것일지도 모른다는 생각이 들었다. 아주머니는 가게를 열자고 했고, 아저씨는 그게 못마땅했던 거였나 보다. 혼자 그렇게 짐작할 뿐이다.

마이클과 함께 나는 아주머니가 주는 대로 먹었다. 파이와 수프, 생선에 감자, 그리고 새우까지. 문어는 없었지만 간단히 요기만 할 것이란 예상과는 다르게 식탁은 풍성했다. 뜻밖의 성찬에 우리는 횡재한 기분이었는데 TV를 보는 아주머니는 연거푸 하품을 했고, 주문한 와인과 맥주를 가져다주는 아저씨는 여전히 퉁명스러웠다.

"문 닫으셔야죠? 빨리 먹겠습니다. 여하튼 휴일에 정말 감사합니다."

"걱정할 필요 없어요. 난 들어가서 잘 거야. 먹고 문을 닫고 가요. 열쇠는 화분 아래에 넣어두고."

그만 들어가신다니 먼저 계산을 하려고 메뉴판을 봤는데, 우리가 먹은 음식은 메뉴에 없었다. 가격을 알 수가 없어 조심스럽게 얼마를 드리면 되냐고 물었더니, 아주머니는 파는 것이 아니고 당신들이 먹는 것을 준 것이라며 그냥 됐다는 거다.

"와인이랑 맥주 값만 내요. 더 마실 거면 미리 계산해주면 되겠네."

이게 말이 되나? 휴일에 닫아둔 가게를 오직 우리 때문에 열고 요리를 해주셨는데, 어떻게 공짜라는 말인가. 어쩔 줄 모르는 내가 허둥대는 사이 마이클은 재빠르게 맥주 값에 50유로 지폐를 얹어 내밀었다.

"오늘 제가 많이 슬픈 날입니다. 맛있는 저녁을 먹고 친구와 함께 얘기할 수 있게 해주셔서 감사합니다."

아주머니는 됐다고, 너무 많다고 사양했지만 제발 그냥 받아달라고 마이클이 맞섰다. 그때, 내내 화가 난 듯 보였던 아저씨가 뚱한 표정을 거둔 것 같다. 아저씨는 그 지방의 디저트 와인을 내오셨다.

"별로 좋은 건 아니지만 마셔 봐요. 신사분의 마음이 편해지기를 바랍니다."

이렇게 괴이하고 따스한 해피엔딩이란 말인가? 급격하게 아저씨의 마음을 푼 것은 50유로 지폐였을까? 그럴 수도 있겠지만 난 감사를 표하는 사람, 감사함을 아는 사람에 대한 호의라고 믿고 싶다. 아름다운 이야기의 마무리는 폰테베드라 광장 모퉁이의 식당 부부가 알지도 못하는 외지인에게 열쇠를 맡기고 집으로 가버린 것이다. 와인이고 맥주고 마음대로 꺼내 먹으면 어쩌려고. 우리는 와인을 한 병 더 마셨고, 넉넉하게 계산한 현금을 올려두는 방식으로 어이없는 믿음의 대가를 지불했다.

마이클은 그의 의붓아들 다니엘과 함께 한 20년 추억을 떠올렸다. 많이 웃었고, 더 많이 슬퍼했다. 다니엘과 친구처럼 지냈지만 아버지로서는 역할을 해주지 못한 것이 미안하다고 했다. 우울증이 심해지고 있다는 것을 눈치 챘는데 도움이 되지 못했다며 자신을 탓했다.

"왜 자주 전화하지 않았을까. 최근에 만나지 못했던 게 너무 후회가 되고 마음이 아파."

어떤 상실에 회한이 없을 수 있을까. 난 되지 못할 위로를 건네기보다 말없이 그냥 들어주기로 했다. 보조를 맞춰 와인을 마시고 그의 잔을 채우는 편을 택했다. 제법 긴 회한을 털어놓은 후, 마이클은 충혈된 눈을 찡그리며 조금 웃었다.

당신은 왜 이 길을 걷습니까? 믿기 힘든 일들의 시작

베드버그를 몰살시키는 데 하루를 바치리라 마음먹었다. 세탁만으로는 안심할 수 없어 빨래가 바짝 말라 바스러질 정도로 수없이 동전을 넣으며 건조기를 돌렸다. 솔기 사이에 숨었을지도 모르는 스페인 빈대들도 모두 먼지가 되어버렸다는 확신이 들 때까지. 필생의 사명을 완수하고 홀가분한 기분으로 쉬면서 평화로운 하루를 보낼 수 있겠다고 생각했는데, 헬싱키에서 온 순례자가 복병이다.

숙소에서 개를 세 마리나 키우다니! 개를 싫어하거나 알러지가 있는 사람을 생각해야지. 너무하지 않아?

조식 포함이라고 하고 겨우 토스트 빵이라니. 너무한 거 아냐?

로비에 있는 커피 캡슐이 오래된 것 같아. 너무하지 않니?

숙소가 깨끗하긴 하지만 요금이 다른 집 두 배라니. 정말 너무해.

그의 불평은 끝없이 이어졌다. 틀린 말은 아니라 해도 듣고 있자니 지치는 기분이다. 이런 사람은 어디에나 있다. 허점이나 잘못을 잘도 찾아내는 사람들. 맞는 얘기만 하는데도 정떨어지는 사람. 졸졸 따라다니며 사사건건 너무한 것(too bad things)을 찾아 동의를 구하는 이 여자야말로 정말 해도 너무하는 사람이다. 쉬기로 했던 마음을 빨래와 함께 접어 배낭에 넣었다. 생각이 달라졌다고 그냥 걷기로 했다는 내게 또 그녀가 말했다.

반나절이나 지났잖아. 잘못 판단한 거 같은데. 너무 늦었어.

'아니! 아니라고! 종일 투덜거리는 너와 함께 있는 것보다는 백배 나을 거라고!' 출발이다.

"동시에 던지자. 그림은 영성길, 숫자가 나오면 정통루트야."

폰테베드라 도심을 벗어나면 한 번 더 갈림길을 만난다. 정통 까미노로 갈 수도 있고, 스피리추얼 웨이(Spiritual Way)라 불리는 영성의 길로 돌아갈 수 있다. 이름 자체가 의미하듯 영성의 길은 유서 깊은 마을을 지나며 정신적으로 충만해지는 경험을 할 수 있다고 했다. 정통 루트를 걷는 것이 더 낫지 않을까 싶다가도 특별한 영적 체험을 하는 길이라니 마음이 끌려 갈팡질팡이다.

"순례자들 중에 영성의 길로 걸으려고 다시 찾아오는 사람도 많대."

"그 길에 개울과 습지가 많대. 요즘처럼 시도 때도 없이 비가 오면 길이 없어진다던데."

우연히 만난 리디아도 같은 고민에 빠져 있었다. 함께 궁리를 하면서 챙겨온 점심을 다 먹은 후에도 마음이 정해지지 않았다. 사과를 나눠먹고 배낭에서 캐러멜을 찾아 오물거리며 양 갈래 길에서 오락가락을 반복했다. 리디아가 동전 던지기로 결정하자며 일어섰다.

"마음이 완전히 반반이라 결정할 수 없을 때 하는 거야. 아무리 생각해도 결론이 안 날 때. 동전에 맡기는 거지. 한 번도 안 해봤어?"

이런 식으로 결정한 적은 없다. 아무리 작은 일이라도 골똘히 생각하면 조금이라도 마음이 가는 것이 있기 마련이 아니던가. 눈곱만큼이라도 더 마음을 끄는 길로 정하려고 계속 궁리했건만, 뭐 그렇게 대단한 일이라고 도저히 결론이 나질 않았다. 평생 처음 리디아가 제안한 대로 동전을 던지기로 했다. 휘익~ 1유로 동전을 머리 위로 던졌다. 올라갔다 떨어지는 것을 잡아 왼쪽 손등에 올리고 손바닥을 뗐다. 나는 숫자, 리디아는 후안 카를로스 1세가 나왔다.

리디아와 헤어져 걷는 첫 구간이 밋밋했다. 잠깐이지만 동전 던지기에서 숫자가 나온 것이 원망스러워지려는 차에 곧바로 이끼 향이 흐르는 깊숙한 숲으로 들어서게 되었다. 스페인 땅에 들어왔는데도 포르투갈 루트 까미노에는 순례자가 드물다. 산티아고가 가까워지면서 종종 만나기는 했지만, 여전히 사람을 보지 못할 때가 많다. 처음 프랑스 길로 걸을 때 다른 순례자들과 섞이지 않고 혼자 걷기 위해서 별의 별 노력을 기울여야 했던 때와는 달라도 너무 다르다. 얼마나 혼자 숲을 걸었을까? 나무 사이로 바람이 흐르다 가라앉는 소리마저 들을 수 있는 고요한 숲, 나무에서 잔가지가 떨어지고 작은 들꽃이 흔들리는 소리가 제법 크게 울린다. 폭신한 이끼를 밟는 발자국 소리도 작은 메아리를 만들었다. 극단적으로 고요한 숲은 두렵기도 했다. 순간, 마치 적혀있는 글자를 본 것처럼, 누군가에게서 주관식 문제지를 건네받은 것처럼 건조한 의문문이 떠올랐다.

'당신은 왜 이 길을 걷습니까?'

'당신은 어떤 의미를 찾습니까?'

몇 년 전 처음 순례길을 걸을 때 대답을 얻어 보겠다고 유치할 만큼 집중했던 질문이었다. 이번에는 즐기듯 걸을 생각이었으므로 이런 질문은 생각조차 해 본 적이 없다. 그런데 오늘 갑작스럽게 어디선가 질문이 떨어졌고 동시에 답도 튀어 나왔다. 마치 준비했던 것처럼, 예상 질문지에 답을 쓰는 것처럼, 즉각적이고 망설임이 없는 대답이었다.

'걷는 것이 나를 기쁘게 하므로 나는 이 길을 걷습니다.'

'걷는 것 자체로 충분합니다. 다른 이유나 의미는 필요하지 않습니다.'

혼자 떠올린 질문에 혼자 대답을 해놓고 그 순간의 내가 너무나 기특하고 마음에 들었다. 거울에 자기 모습을 비춰보며 혼자 뿌듯해 하는 사람처럼 우스꽝스럽지만 그랬다. 완전하고 충분하다.

'지금 여기서 온전하다.'고 느끼는 이런 순간은 순례길에서 종종 찾아온다. 이것 역시 설명하기 어렵지만 그렇다. 산티아고 길을 걸은 많은 사람들이 왜 또 다시 그 길을 찾아 걸으며 사서 고생을 하고, 무거운 짐을 지고 꼬질꼬질한 반노숙자로 지내는 여행을 하고 싶어 할까? 많은 이유가 있겠지만 이런 순간 때문이기도 하다. 전적으로 다른 어떤 것도 고려할 필요가 없고, 누구도 의식하지 않으며 완전하게 영원히 다시없을 지금을 생생하게 느끼며 존재하는 것. 몰입으로 완전한 순간, 내가 좋아지는 시간이다.

깔데스 데 레이(Caldes de Reis)까지 가지 못하고 브리아요스(Briallos)에서 멈췄다. 겨우 16킬로미터 남짓 걸었을 뿐이지만, 워낙 출발이 늦어 도착했을 때는 해가 지고 있었고 배가 고팠다. 숙소에 들어왔는데 역시 와이파이가 안 되고, 저녁도 먹을 방법이 없는 외딴 곳이다. 순례자 등록을 하는 곳도 잠겨있다. 한참을 기웃거리고 있는데 호스피탈레로가 마지막으로 확인차 들렀다며 말했다.

"오늘 아무도 없어요. 혼자 주무시겠군요."

마을과는 떨어진 곳에 신축 학교 건물처럼 생긴 곳이다. 샤워실과 화장실, 내가 사용할 침대 위치를 알려준 후 봉사자는 사무실과 건물을 닫고 가버렸다. 종일 혼자 걸었는데 이렇게 커다란 건물의 숙소에서도 혼자라니 어쩐지 으스스하다. 학교건물이 주는 괜한 연상일 뿐 괜찮아. 뜨거운 물 펑펑 나오는 신식 건물이라 좋구만 뭐. 애써 봐도 소용이 없었다. 움직일 때마다 나는 소리가 건물을 울리면서 공포영화 효과음처럼 귀를 긁었다. 샤워도 못하고 우물쭈물하는 사이에 밖은 완전히 깜깜해졌다.

지금 21세기야. 귀신이라니, 생각할수록 너무 유치하잖아! 혼잣말을 해봤는데 내 목소리가 들리니까 더 무섭다. 휴대폰 사진첩을 열어보고 일기장을 펼쳐 뭐라도 써보려 했는데, 자꾸 반복해서 한 장면이 떠올랐다. 여고괴담. 다리 없이 공간이동을 하는 교복 입은 여학생. 이어폰을 끼고 콜드플레이 노래를 재생시켰다. 크리스 마틴의 목소리 사이로 괴상한 건물 소음이 끼어들었다. 좀 더 센 것이 필요하군. 국카스텐 음악으로 볼륨을 높여도 이상한 소리는 그치지 않았다. '쿵쿵…덜그럭…다다닥…쿵' 분명히 이 건물엔 나 혼자인데 대체 누가 이런 소리를 내는 건지. 간헐적으로 나는 소리가 멈추지 않았다. 성당에 가고 미사를 드린 지도 오래전이다. 냉담 날라리 신자이건만 내 입에서 저절로 주기도문이 흘러나왔다.

"하늘에 계신 우리 아버지, 아버지의 이름이 거룩히 빛나시며…."

주기도문에 이어 나도 모르게 찬송가를 부르고 있었다.

"내애애 주우우를 가아까아이 하아려 하암은…."

위기의 순간마다 지하철 주변에서 몸이 불편한 분들의 마이크를 타고 흘러나오던 이 노래가 떠오른다. 매번 이 노래를 부르는 이유가 뭔지 모르겠다. 침낭을 뒤집어쓰고 신음도 아니고 노래도 아닌 것을 반복하는데, 드디어 그 다리 없는 교복이 다가와 내 어깨를 잡았다. 아니 잡은 것 같았다.

"꺄아아아악"

너에게
기쁨을
주었으니,
그 기쁨을
살아

"아아아아악~"

다가와 내 침낭을 들추려 한 존재는 다리 없이 공간 이동을 하는 원혼 따위는 아니었다. 당연한 사실이 그때는 전혀 당연하지 않고 얼마나 고마웠는지. 십대 아이들이었는데 나만큼이나 놀란 눈치다. 하긴 아이들도 무서웠을 것이다. 침낭을 뒤집어 쓴 어떤 사람이 신음이라기에는 너무 커다란 소리로 괴상한 곡조를 울부짖으며 누워있었으니까. 조명도 없는 컴컴한 방에서 우리는 번갈아 비명을 주고받았다. 마주한 채 비명을 지르며 서로가 귀신이나 미친 사람이 아님도 확인했다.

"친구가 발을 삐끗해서 많이 늦어졌어요. 불빛이 보여서 문을 계속 두드렸는데, 안에 들리지 않던가요?"

"그랬구나. 난 누가 왔을 거라고는 생각도 못했어(어렴풋이 쿵쿵거리는 소리를 들었고 그때부터 '여고괴담'을 떠올리기 시작했다)."

아이들은 마을까지 가서 호스피탈레로와 연락이 닿았다고 했다. 어쨌든 노숙을 면했다며 운이 좋다고 기뻐했다. 진짜 운이 좋은 사람은 나였다. 텅 빈 건물에서 공포영화를 떠올리며 혼자 밤을 보내야 했는데 동지가 생긴 것이다. 등에 딱지처럼 눌러 붙어있던 공포가 떨어져 나갔는지 그제야 어깨가 펴졌다. 1층으로 내려가 뜨거운 물에 샤워를 하면서 노래를 흥얼거렸다. 정신이 돌아왔다. 정신이 돌아오니 배도 고프다. 하루 종일 굶다시피 했지만 상반신만 있는 여고생 귀신을 떠올릴 때는 배고픈 것도 몰랐는데, 그제야 위장은 시끄러울 정도로 꼬르륵 소리를 냈다. 불과 한 시간 전만 해도 억울하게 죽은 학생의 원혼이 떠다니던 빌딩은 포르투 출신 열일곱 살 소녀 둘이 들어오고 난 후 비소로 안락한 순례자 숙소가 되었다. 배낭을 뒤져 비스킷 네 개를 찾았다. 비스킷 네 개로는 허기를 면하기도 힘들었지만, 나를 구해준 아이들에게 하나씩 두 개를 주고 남은 두 개를 먹었다. 아이들은 열심히 의논 중이다. 내일은 얼마나 걸을 것인지, 길 어디쯤에 약국이 있을 것 같은지 어디서 먹을 것인지를 정하는 눈치였다. 늦게까지 랜턴 조명에 의지해 가이드북을 펼치고 있었다. 아이들의 두런두런 소리를 들으며 나는 잠을 청했다.

"너무 늦게까지 고민하지 말고 일찍 자요."

그렇게만 말했다. 까미노에서 세우는 계획은 별로 소용이 없을 것이라든지 계획하지 않았던 상황이 펼쳐질 것이란 이야기는 하지 않고 삼켰다. 아이들도 언젠가 알게 될 것이다. 길을 걷는 것이 그때그때 상황을 받아들이고 그저 감사하는 연습을 하는 것임을. 아이들도 알게 될 날이 올 것이다.

오늘은 깔데스 데 레이를 지나 발가(Valga)까지만 가기로 정했다. 15킬로미터도 되지 않는다. 산티아고가 가까워지면 남아있는 거리가 아까워 나눠 걷게 된다. 길이 끝날 때가 되면 걷는 기쁨이 유독 사무친다는 것은 길

을 걸었던 사람들의 공통된 증언이다. 나 역시 수많은 사람들의 간증처럼 모든 것이 기쁘고 감사하다고 중얼거리며 걸었다. 종일 비가 내리다 개고 다시 내리기를 수없이 반복했는데, 궂은 날씨 덕분에 무지개가 계속 나타났다. 어쩌다 잠깐 도시의 빌딩 사이에 희미하게 걸려있는 무지개를 보는 것도 그렇게 기분이 좋았는데, 오늘 양 끝을 들판에 단단히 딛고 서있는 완전한 무지개를 본 게 벌써 몇 번인지 모른다.

다섯 번째 아니 여섯 번째 무지개가 나타났을 때 나는 엄밀히 말해서 그다지 온전한 상태는 아니었던 것 같다. 순간 어떤 목소리를 들었으니까. 평소라면 얼빠진 사람들이 환상에 사로잡혀 지어낸 말이라고 생각했던 일이었다. '하늘에 계시는 어떤 분'의 음성이었는지 한낮에 꾸는 꿈처럼 생각해낸 것인지는 지금도 불확실하지만 나는 들었다. 다행스럽게도 내가 들은 목소리는 거창한 계시나 예언 같은 것은 아니었다. 어디로 가서 황금을 찾으라 같은 종류도 아니다. 조금 멍한 기분이었고 무지개를 바라본 순간이라는 것 외에는 정확한 상황이 기억나지 않는다. 다만 내가 들은 말은 너무 분명하다. 너무 분명해서 나는 되받아 질문을 했을 정도였다. 그 목소리는 일종의 명령이었고 또 짧은 대화 같은 것이기도 했다.

"너에게 기쁨을 주었다."

"… 어떻게 하라는 건데요?"

"그 기쁨을 살아."

"즐기며 살라는 말인가요?"

"너에게 기쁨을 주었으니 기쁨을 살아라."

"……"

"너는 기쁨이니 기쁨으로 살아."

나조차 믿을 수 없는 그 순간에 관하여 나는 지금까지 누구에게도 말하지 않았다. 만약 그 얘길 한다면 어떤 사람들은 축복이라고 할 테지만, 아마 내 친구들은 내가 살짝 이상해졌다고, 혹은 완전히 돌았다고 할 것 같아서다. 하지만 어쩌겠나, 내가 정말로 들었는데. 나는 그날 들은 그 음성을 자주 떠올려 되뇌어 본다. 너는 기쁨이니 그 기쁨을 살아라.

나를 빼면 발가 알베르게에 있는 사람들은 모두 다 20대 청년들이었다. 호스텔이나 맨션에 비하면 불편하지만, 내가 가능하면 알베르게를 선택하는 이유다. 사생활이 보호되는 독방의 쾌적한 침대에서 자는 것보다 요즘 말대로 텐션이 높고 밝은 청년들과 어울리다 보면 에너지가 솟았다. 가끔 예외적으로 기운을 빼는 친구들도 만나고는 했는데 오늘이 그날이다. 체코에서 왔다는 아이들이 한국에 대해 궁금하다며 저녁식사에서 말을 텄다. 한국은 기독교 문화권이 아닌데 어떻게 국민 대다수가 기독교인이 된 거냐는 질문이 처음이었다.

"다른 종교 믿는 사람을 욕하고 이슬람은 악마라고 한다면서요?"

"같은 기독교면서 가톨릭도 미신이라고 한다던데 왜 그런가요?"

아이들은 한국에 교환학생으로 와서 체류했던 친구들에게 들었다고 했다. 무슨 소리냐고, 아니라고 할 수 없음이 부끄러웠다. 우리나라 일부 개신교 신자들이 외국인에게 그런 인상을 주는 것은 몰랐다. '너무 이상한 한국인'이라고 말할 때 미리암의 표정에는 궁금증과 함께 약간의 혐오가 담겨있었다. 이슬람도 믿는 사람도 악마라고 했다는 어떤 목사 얘기, 가톨릭 신자에게 마리아 우상을 숭배하는 미신을 믿으니까 죽어서 지옥에 갈 거라고 했다는 사람까지 참 구체적으로 가지가지다. 내 주위엔 건강한 종교생활을 하는 사람들이 더 많지만, 나 역시 극단적인 기독교 신자들의 독선에는 거부감이 있다. 일부 기독교인들이 '개독교'라는 말을 듣는 지경에 이르렀다는 것을 모르지 않지만, 내가 내 식구들의 잘못을 따지며 추궁하는 것과 남이 내 식구의 흉을 들추며 멸시하는 것을 마주하는 것은 다른 문제다.

일반화하면 안 되는 일이라고, 너희들과 토론할 만큼 나는 잘 알지도 못한다고, 피곤하니 그만 쉬자고 얼버무렸지만 기분이 좋지 않았다. 개운치 않은 대화를 마치고 식당에서 돌아오는 길에 미리암은 또 시비를 걸었다. (자기는 대화라고 생각했겠지만 내 입장에서는 시비를 건 것이다.)

"게다가 한국 사람들 아주 배타적이라고 하더라구요. 자기들끼리만 몰려다니고, 다른 나라 사람들은 안 끼워주고. 인종차별하면서 백인들은 무조건 좋아하고. 정말 그런가요?"

이쯤 되면 막가자는 것, 질문이 아니라 욕이다. 변명하거나 달래고 싶지는 않았다. 물러서지 않는 한국 아줌마가 순간 내 안에서 튀어 나온 걸까?

애초부터 한국에 대한 호기심을 앞세워 부정적인 이야기만 쏟아내던 아이들에게 미안한 마음만 들었던 것은 아니다.

“한국 사람이 친절하고 정 많다는 얘기는 못 들었어? 네 친구 한국말 잘하니? 언어 문제는 없었나? 네 친구가 제대로 이해 못한 것도 있을 거야. 체코 말을 못하는 한국 사람이 너희 나라에 갔더라면 너희는 어땠을까? 너희는 그 사람을 매번 끼워줬을까? 너희는 인종차별 안하고 똑같이 대해줬을까?”

죄지은 사람처럼 순하게 미안해하던 아줌마가 태도를 바꾸자 아이들도 한 발 물러났다. 무조건 한국 사람들이 옳다고 하고 싶은 것은 아니었다. 어쩌다 한국에 대해 비틀린 마음을 가지게 되었다고 해도 이 아이들과 싸워보자는 것은 더 더욱 아니었으므로 이쯤에서 마무리해야 했다.

“그러지 말고 한국에 한 번 오렴. 아줌마가 맛있는 한국 음식 사줄게. 직접 와보면 너희가 들은 것과는 아주 많이 다를 거야.”

숙소에서 며칠 만에 와이파이에 연결되었다. 쌓여있던 메시지가 기다렸다는 듯 후두둑 쏟아져 들어온다. 조안과 페이지였다.

J : 재희, 아픈 건 아니지? 잘 오고 있니?

P : 산티아고에서 다시 볼 수 있기를 바래요.

J : 우리 떠나기 전에 도착하는 거지?

J : 수요일 4시 비행기야. 출발 전에 얼굴만이라도 보면 좋겠다.

P : 메시지 체크 못하시는군요. 하여튼 빨리 오세요.

간절한 메시지에 코끝이 찡하다. 한국 사람은 왜 그렇게 이상하냐고 추궁하는 아이들 사이에 침낭을 펴고 조안과 페이지에게 작별 메시지를 보냈다. '수많은 나라 사람들을 만났지만 한국 사람만큼 따듯하고 좋은 사람들은 없었어.'라고 말했던 두 사람. 페이지와 조안을 생각하니 명치 끝에 찌르르 전기가 오르는 느낌이다. 보고 싶은 마음은 굴뚝같지만 남은 35km를 내일 오전 중에 걸을 수는 없는 일이었다.

"너희는 까미노가 내게 준 보석 같은 선물이야. 우리 꼭 다시 만나자. 잘 돌아가. 부엔 까미노. xoxo"

우린
장례식에서
만났고, 함께
산티아고를
걷기로 했어요

커다란 막대기처럼 굵은 빗줄기가 거세게 쏟아진다. 물기둥이 내려오는 것 같은 장대비가 맹렬한 아침, 빗물로 발목까지 잠기는 길을 걸었다. 샌들 신은 발로 노를 젓고 있다고 상상하니 기분이 조금 나아진다. 발가(Valga)에서 7킬로미터 북쪽에 위치한 파드론(Padron)에 도착했다. 따져보면 이 곳이야말로 산티아고 순례의 기원이 된 곳이다. 전설에 따르면 산티아고의 유해를 실은 배가 지중해와 대서양을 표류하다 당도한 곳이니까.

산티아고(Santiago)는 스페인어로 예수의 열 두 제자 가운데 성(Sant) 야고보(Iago)를 말한다. 야고보 성인은 예루살렘에서 순교했지만, 이스라엘 왕은 매장을 허락하지 않았다. 예루살렘에 묻히지 못한 야고보가 배에 실려 바다를 헤매다 하필이면 생전에 그가 선교하던 스페인으로 흘러왔으니 얼마나 극적인가. 야고보는 파드론에서 20여 킬로미터 떨어진 지점에 묻혔고, 그로부터 1,000년이 지난 후 그 무덤이 발견된다. 야고보의 무덤을 발견한 자리에 지은 교회가 바로 해마다 수십만 명의 순례자가 찾아가는 최종 목적지, 산티아고 성당인 것이다.

원래 마을 이름은 '이리야'였는데, 표류해 온 배의 밧줄을 묶어 두었던 기둥(오페드론)을 상징하는 파드론으로 바뀐다. 배를 정박했던 기둥이 마을 중심에 위치한 산티아고 성당에 모셔져 있고, 산티아고의 유해가 도착한 사건을 묘사한 성화가 벽면을 장식하고 있었다. 성인과 관계된 스토리 대부분이 그렇듯 새빨간 거짓말 같은 이야기인데, 그 이야기를 기적 신화의 반열에 올린 물리적 증거인 기둥이 성당에 존재하는 셈이다.

강 건너 파드론이 내려다보이는 야트막한 언덕이 산티아고가 갈리시아 포교를 했던 산이라고 했다. 적지 않은 순례자들이 '야고보 성인은 죽어 이곳으로 오려고 작정을 했던 것'이라고 믿으며 산에 올라 기도를 드린다. 무늬만 신자인 나, 날라리 마리아는 언덕에 올라 기도를 하는 대신 맛집을 찾아 점심을 먹고 씩씩하게 걸음을 이어간다.

숲길 10킬로미터는 힘에 부쳤다. 애를 써봐도 다리는 무겁고 무릎은 일정 간격으로 전기 충격기에 닿는 것처럼 찌릿찌릿 아프다. 멈춰 쉬다 걷고, 다시 쉬기를 반복하니 속도도 나지 않았다.

“헤이~ 스트레인저!”

퍼져있던 나를 부른 사람은 수잔이다. 처음 보는 나를 마치 수십 년 만에 우연히 만난 여고 동창생이라도 되는 듯 스스럼없이 대하는 수잔. 처음에는 그녀가 조금 두려웠다. 부끄럽지만 고백하자면 순전히 외모 때문이다. 평생 실제로 만난 사람들 중에는 말 그대로 가장 ‘험상궂은’ 인상이다. 쳐다보는 것이 실례가 되지 않을까 싶을 정도로 커다란 흉터가 있는 얼굴. 왼쪽 이마 전체와 오른쪽 볼을 움푹하게 파고 윗입술까지 뒤틀리게 꿰맨 자국이 있다. 폭력영화에서 말할 수 없이 흉악한 일을 당했거나 저지른 사람을 표현하기 위해 사용하는 특수분장만큼 과격한 흉터다. 벌어진 치아 사이로 새는 목소리는 거칠었다. 외모로 누구를 판단하는 것만큼 어리석고 무례한 일도 없지만, 수잔은 순례자 이미지와 정말 거리가 멀다. 그런가 하면 수잔 옆에 있는 매튜는 지나치게 전형적인 미남형이다. 좀 과하다 싶은 눈웃음을 얹은 표정에 매끈하고 반질거리는 말투지만 인텔리 느낌이 확연하고 교양이 넘쳤다. 더할 수 없이 이질적인 두 사람, 기묘한 조합의 커플이다. 궁금했다. 대체 어떤 사이일까? 일단 잘 어울린다고 말하기는 어려웠다.

날씨 이야기, 순례자의 통증과 컨디션 이야기를 주고받았다. 보면 볼수록 연인관계로 보이는 두 사람 사이가 궁금했지만 물어보기가 망설여졌다. 한참을 뜸들이다 물어봤는데 그녀의 대답이 의외로 선선하다.

“얘기가 길어. 짧게 하자면 내가 교도소에 있을 때 만난 분이 있었는데, 매튜가 바로 그분 동생이야.”

“아…(놀라지 않은 척하며 고개를 끄덕였다).”

“나는 세상 사람을 다 미워했는데, 평생 처음으로 존경하게 된 분이야. 내게 정말 잘해주셨어.”

“아… 그랬구나(더 무슨 말을 해야 할지).”

“나랑 정반대의 삶을 사신 분인데 이름은 나와 같았어. 수잔. 우아하고 겸손하고 공부를 많이 한 여성이었어. 다시 태어난다면 수잔처럼 살고 싶어.’

“아 그랬구나…(근데 두 사람은 어떻게 만났냐고).”

“수잔이 화해하지 못한 남동생 얘기를 많이 해줬어. 바로 매튜지.”

어떻게 만났는지 한마디를 물었는데 수잔은 둘 사이, 그리고 그녀 인생 절반의 사연을 꺼내 놓았다. 수잔이 깊숙한 곳으로 얘기를 끌고 가는 것을 막으며 매튜가 끼어들었다.

"우리는 장례식에서 만났고, 함께 산티아고를 걷기로 했어요."

정리해보자면 이렇다. 수잔은 전과가 있는 미국 여성이다. 무슨 일로 교도소에 갔는지는 묻지 않았고 수잔도 말하지 않았다. 교도소에 갔다고 해도 친절한 금자씨처럼 시침 뚝 떼고 고운 얼굴을 할 수도 있었을 텐데, 수잔은 외모에서도 인생이 순탄치 않았다는 티가 난다. 그의 표현대로 하자면 '험하고 엉망진창으로 살다가' 교도소까지 간 그녀는 처음으로 닮고 싶은, 존경하는 한 사람을 만났다. 수잔과 또 다른 수잔 두 사람은 출소 이후에도 교류했다. 수잔이 의지하고 존경하던 멘토 수잔은 몇 년 동안 암으로 고생하다가 죽었다. 그녀 장례식에서 런던에 살고 있다던 동생 매튜와 만난다. 둘은 만나자마자 특별한 감정에 빠졌고, 감정을 확인하고 싶어 산티아고를 걷기로 했다는 것이다.

이쯤 되면 실제로 벌어지는 일들에 비해 영화나 드라마, 소설 스토리는 오히려 시시하다. 얘기를 들으면서도 혹시 처음 만난 나를 놀리려고 둘이 꾸며낸 말은 아닐까 의심했을 정도다. 지나치게 극적인 두 사람의 러브스토리에 대해 품었던 의심은 그들과 함께 걷는 동안 사라졌다. 수잔이 주로 얘기를 했고, 매튜는 웃으며 두 눈에 애정을 담아 수잔을 바라봤다. 매튜는 웃을 뿐 말은 거의 하지 않았고, 가끔씩 그녀의 머리카락에 떨어져 붙어있는 지푸라기 같은 것을 떼어줬다. 너무나 다르고 어울리지 않게 보였던 둘은 내가 평생 본 그 어떤 영화보다 더 영화 같은 스토리를 가진 커플이었다.

수잔과 매튜는 산티아고 이후 어떻게 될까? 뉴올리언즈에서 숍을 운영하는 여인과 런던에서 특허관계 일을 한다는 남자, 둘은 어떤 결론을 내게 될까? 상상해보려 했지만 쉽지 않았다. 결국 내가 도달한 결론은 이것이다. 그 무엇도 알 수 없고 알려고 할 필요도 없다는 것. 지금, 둘이 함께 이 길을 걷고 있다는 것만이 중요하다는 것.

아직 결정되지 않은 미래에 대한 이러쿵저러쿵 예측은 가능하지도 않을 뿐 아니라 불필요하고 무의미하다. 지금 눈앞의 놀라움과 기쁨으로도 차고 넘치는데 오지도 않은 것을 미리 따져볼 필요가 있을까? 삶은 알 수 없는 방향으로 흐를 것이고 이미 신비로 가득한데 말이다. 두 사람과 함께 걷는 동안 기운이 솟아나 무릎이 아픈 줄도 모르고 힘차게 걸었다.

"잘 쉬어. 그래야 한다면 우린 다시 만나겠지."

내가 파라메요(O Faramello)에서 멈추겠다니까, 수잔이 볼 뽀뽀를 하며 남긴 작별 인사다. 다시 만나야 할 사람이라면 다시 만나게 되는 '산티아고 가는 길의 법칙'을 말한 것이다. 까미노에서는 많은 사람들이 서로 스치고 헤어진다. 꼭 필요한 때에, 꼭 필요한 사람을 만나 꼭 필요한 만큼 함께 하게 되며 어떻게 헤어지든 만나야 할 사람은 반드시 다시 만난다. 경험하지 않은 이에게 설명해줄 방도를 아직 찾지 못했지만, 순례자라면 모두 이 신비를 안다. 힘과 생동감을 준 수잔과 매튜 커플을 만나게 된 것만큼 돌연 헤어지게 된 것에도 필연은 존재하는 것이다. 이제 혼자 정리할 시간이기도 했다. 내일이면 산티아고로 간다. 도보순례 30일째, 다시 심해진 무릎 통증을 달래며 나는 나에게 보내는 편지를 썼다.

'세상에서 제일 사랑하는 나, 재희에게….'

힘이 부치면 숫자를 센다

피날레를 기록하게 되는 마지막 아침인데 뿌듯함보다 아쉬움이 크다. 배낭을 다 챙겨놓고도 모두 떠나 알베르게가 텅 빌 때까지 출발을 미루며 늦장을 피웠다. 파라메요에서 산티아고까지는 14.5km이다. 빨리 걸으면 점심시간 무렵에 도착하겠지만 오늘은 최대한 천천히 아껴 걸을 생각이다.

"순례하며 느낀 게 있어요? 무언가 깨달음 같은 것을 얻었나요?"

햄샐러드를 먹으며 얘기할 주제로는 너무 철학적이지 않나 싶은데, 아마도 아이린이 말하고 싶은 게 있는 모양이다. 사람들은 종종 자기가 말하고 싶은 것을 타인에게 묻는다. 거꾸로 어땠냐고 물었더니 아이린의 자기

고백이 봇물 터졌다.

"다른 사람이 어떻게 생각하는지 너무 의식할 필요가 없다는 걸 깨달았어요. 사는 건 다 자기결정이니까요. 잘못되는 일이 있어도 자책하지 않을 거예요. 결과를 걱정하지 말고 그냥 하고 싶은 것을 해야겠다고 결심했고요. 하루 앞도 알 수 없는 게 인생인 것 같아요."

연주할 줄도 모르면서 세상을 떠난 동생의 바이올린을 메고 산티아고 순례길을 걸어온 아르헨티나 소녀 아이린. 순수하지만 엉뚱하고 철없다고 생각했는데, 의외로 똘똘하고 꽉 찬 대답을 내놓는다.

"이민도 보류할 거예요. 사촌오빠는 마드리드에 집도 여러 채 가지고 있고 사업을 하거든요. 수입은 안정되었는데, 왠지 뿌리가 없는 느낌이더라구요."

아르헨티나에서 살고 싶지 않아서 해외이민을 고려한다더니 생각이 달라졌다고 했다. 호주 워킹홀리데이를 알아보고 타멜에서 만났던 청년 얀처럼 여러 나라에서 살아봐야겠다고 했다.

무얼 느꼈든지, 스스로 어떤 것을 깨달았다고 믿든지 한 번의 어떤 사건을 통해 깊은 통찰을 얻는 것이 과연 가능할까? 나는 깨달음이란 무수한 실수와 사소함의 반복에서 생기는 굳은살 같은 것이라고 믿는다. 수백 킬로미터를 걷는 한 달여의 시간을 통해 해답을 얻었다고, 그렇게 느낀다 해도 그 모든 것을 너무 쉽게 잊을 수도 있다. 지금의 굳은 결심을 어쩌면 너무 간단하게 위반하게 될지도 모를 일이다. 그래도 기뻤다. 먼저 세상을 떠난 동생을 생각하면 아무것도 못하겠다던 아이린이 지금 단단한 자세로 출발선에 서 있었으니 그 사실만으로도 기뻤다.

"아이린, 축복할게. 넌 잘 해낼 거야. 조급해 하지만 말아. 넌 너무 젊잖아."

자신이 태어나 성장한 나라가 싫다며 멀리 떠나 살고싶다던 아이린, 동생을 잃고 나서 마음 둘 곳이 없이 불안해보였던 아이린이 순례를 마치며 편안해진 느낌이다. 그게 기특하고 좋아서 나도 모르는 사이에 엄마 표정을 지었던 걸까? 비장한 느낌으로 자기 결심을 털어놓던 아이린이 갑자기 표정을 바꾼다.

"재희 나이 물어봐도 돼요? 난 19살이에요. 우리 엄마가 41살이거든. 재희가 우리 엄마보다는 어리죠?"

자기보다 어른이란 것은 알고 있지만 오늘은 내가 정말 어른으로 느껴진다며 나이를 물었다. 정말 나를 그 나이로 봤다면 시력에 커다란 문제가 있는 것이다. 빨리 검사를 해봐야 한다. 아니라면 아이린은 세상을 살아가는 법을 아는 똘똘한 친구다. 나이는 비밀로 하고 대신 샐러드 값을 내가 내줬다. 아이린의 '마이 프렌드 재희'가 엄마보다 열 살도 넘게 나이가 많다는 것을 알면 충격을 받을까봐 걱정이 되어 취한 조치다.

아이린, 삶은 그리 길지 않은 거 같아. 10년, 20년이 어마어마한 것 같겠지만 그렇지도 않더라고. 지금 돌아보면 그때가 겨우 얼마 전같이 느껴지거든.

오늘만 벌써 몇 번째인지 두근두근 가슴이 뛰다가 코와 눈이 매워진다. 걷는 동안 수없이 지나온 그만그만한 숲길인데 자꾸만 그렇다. 첫 번째 순례로 산티아고에 도착했던 날도 떠올랐다. 40일을 걸어 산티아고에 입성을 하는데 아무런 느낌이 없었다. 믿기 힘들만큼 밍숭맹숭한 무감함에 오히려 충격을 받았었다. 나란 사람은 대체 왜 이리 극단적인지, 오늘은 지나치게 감상적이다.

첫 번째에 비하면 이번 순례가 갑절로 힘들었다. 포르투갈 루트로 걷는 것이 프랑스 길보다 100km가량 짧은데다 이미 한 차례 경험이 있으니 훨씬 부담이 덜할 거라고 예상했다. 그 반대였다. 9월의 포르투갈에서 이상기온으로 한낮 38도가 넘는 폭염을 겪어야 했다. 리스본에서 포르투까지는 카페나 바(Bar)가 거의 없어 마을이 나타날 때까지 목마름과 배고픔에 시달린 날도 많았다. 절대적으로 사람이 없는 한적한 까미노였던 것이 좋기도 했지만, 그래서 더 힘들기도 했다. 프랑스 루트로 산티아고 길을 걸으며 어떻게든 인파를 피해 혼자만의 시간을 가지기위해 쏟았던 노력은 돌이켜보면 유치할 정도로 필사적이었는데, 여기서는 그럴 필요가 없었다. 아예 사람을 마주치는 경우가 드물어, 멀리서라도 누가 보이면 반가웠고 안심했다.

힘이 부치면 숫자를 세는 버릇이 있다는 것을 이번에 알았다. 머리는 텅 비고 귓속에 리드미컬한 이명이 울릴 만큼 힘이 들면 나는 어느새 숫자를 세고 있었다. 아무 생각 없이 걸음을 옮기면서도 어떤 존재가 나를 지켜

보며 함께 걷는다는 믿음을 가지게 된 것은 놀라운 일이다. 한계에 닿았을 때, 길을 잃었을 때, 어떤 생각으로 한 발짝도 꼼짝할 수 없었을 때가 자주 있었는데, 그때마다 어김없이 성당의 종이 울리곤 했다. 처음엔 우연이라고 생각했지만, 점차 신기할 정도로 딱 맞춘 상황에서 예외 없이 일어났다. 급기야 순례 후반에는 '이제 곧 어디서 종소리가 들리겠군.' 하고 먼저 알아챌 정도였다.

평소에는 안구건조증이 있어서 슬퍼도 가슴 아파도 목이 아프고 코가 찡할 뿐 좀처럼 눈물이 흐르지 않았는데, 이번에는 참 많이도 울었다. 눈물을

찔끔거리며 마지막 14킬로미터를 걸어 산티아고에 도착했다. 순례자의 광장으로 들어서는데 역시나 종이 울리기 시작한다. 딩~동~딩~딩~

나도 모르게 저절로 무릎을 꿇고 엎드렸다. 가을 햇볕으로 따스하게 데워진 광장의 돌바닥에 엎드려 종소리를 들었다. 파란 잉크를 넣어둔 수정구슬 속에 들어있는 것처럼 보이는 성당, 그 위로 구름이 빠르게 하늘을 달리고 있었다.

나의 산티아고, 우리의 산티아고

“짜잔~ 축하드려요!”

“산티아고에 오신 걸 환영합니다.”

올려다보니 상희쌤과 윤서씨다. 한국에서 출발할 때 같은 비행기로 왔는데, 까미노를 걸으면서 단 한 구간도 함께 걷지 못했다. 윤서씨는 일주일 이상 앞서 걸었고, 최상희 선생님도 나보다는 늘 하루 이틀 빨랐다.

“산티아고에 들어왔는데, 축하해주는 사람이 없으니까 좀 섭섭하더라고요.”

홀로 도착해서 쓸쓸했다고 한다. 테오에서 출발한다는 것을 알고 두 사람은 나에게 깜짝 축하를 안겨주고 싶었다고 했다. 기다리고 있는 걸 알 턱

이 없던 나는 마지막 길이 아쉬워 최대한 느리게 한 걸음씩 아껴가며 천천히 걸었는데, 완주의 순간을 기념해주려고 광장에 앉아 세 시간이나 기다렸다는 것이다. 이런 바보 같은 사람들이 있나! 뜻밖의 감동에 고맙고 미안해서, 가을 하늘에 눈이 시려서 자꾸만 눈물이 났다.

산티아고는 만나는 곳이다. 하루 먼저 도착했다는 줄리앙과 카스텔이 혹시나 하는 마음으로 광장에 나와 있었고, 이미 무시아까지 다녀온 마리도 광장에서 만났다. 팔을 맞잡고 강강수월래를 하며 반가워하는 사이 "띵동~" 하고 문자 메시지가 들어왔다. 아이린이 콤포스텔라를 받고 찍어 보낸 사진

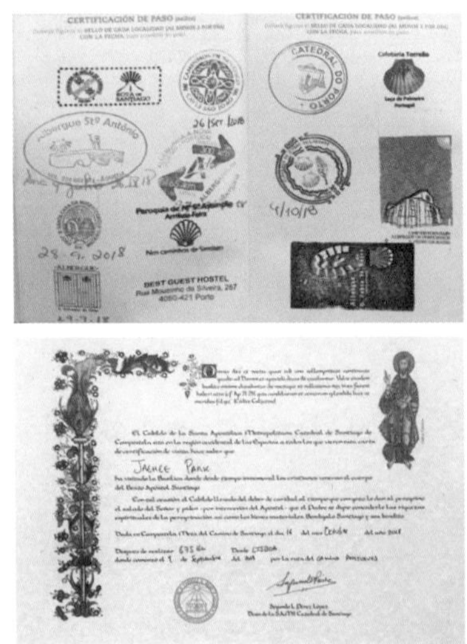

이었다. 수백 킬로미터를 걸어온 사람들이 그 걸음을 끝나는 것이 아쉬워서, 다 걸어낸 자기가 기특하고 뿌듯해서 광장을 떠나지 못했다. 순례자들은 거기서 함께 걷던 '우리'를 만나고 기다리고 다시 만남을 기약했다.

콤포스텔라(순례 완주 증명서)를 받았다. 라틴어 증명서에 검은 잉크로 출발 장소, 순례 루트와 거리, 도착 일이 적혀있다. 순례 완주 증서에 적히지 않은 것들, 길에서 만난 사람들과 걸음으로 얻은 고통, 그리고 기쁨은 내가 마음으로 써 넣었다. 순례자 미사를 알리는 종소리가 들렸다. 이미 경험이 있으니 새롭지 않을 것이라고 생각했는데, 오히려 전에 느끼지 못했던 설레임이 컸다. 관광객을 피해 중앙 통로를 벗어나 아기 천사들이 앉아있는 파이프 오르간 옆으로 가서 앉았다. 콘서트장에서 장내를 정리하는 방송처럼 어느 구역으로 가면 자리가 있다는 안내, 미사가 시작되면 방해가 되는 행동을 하지 말아달라는 당부를 들으며 미사가 시작되기를 기다렸다.

천둥처럼 파이프 오르간이 울리고 장엄한 미사가 시작된다. 스페인어를 알아듣지 못하지만 필그림, 산티아고, 까미노, 그라시아… 중요한 말은 모두 들린다. 찬송소리를 BGM으로 들으며 눈을 감았다.

기도하고 싶었지만 아무 말도 떠오르지 않았다. 순례길을 걷는 동안 힘들고 어려웠지만 모두 견딜 수 있었던 것처럼 어려움이 닥쳤을 때 이겨낼 힘을 달라고 부탁드려볼까, 아니면 견뎌야 할 고통 같은 건 아예 모두 면하게 해달라고 해볼까….

'걸어온 길은 참 아름다웠습니다. 다시 순례를 마치게 해주셔서 감사합

니다. 아픔을 견딘 무릎과 발, 너희들도 정말 수고가 많았어. 고맙다.'

순례 중에 겪는 고통이 칭찬받을 수 있는 이유는 고통당하는 사람의 아픔을 이해할 수 있게 해주기 때문일 것이다. 아픔은 이길 수 있는 것이 아니라 견디는 것이었다. 고통과 함께 해야 하는 순례자. 세상을 사는 우리는 사실 모두가 순례자다.

미사는 보타푸메이로에 분향하는 의식으로 마무리되었다. 성당 천장에 매달려있는 향로에 몰약과 향을 가득 채우고 그것을 태워 분향하는 장면은 언제나 산티아고 순례자 미사의 하이라이트이다. 수사들이 줄을 잡아 당겨 향로가 영광스럽게 날아오르고, 사람들의 셀카봉은 그에 맞춰 더 높게 일제히 날아올랐다. 향로의 연기가 성당으로 퍼져나가 영성과 세속을 뒤섞는 감격의 순간에도 찰칵찰칵 사진 촬영 소리는 멈추지 않았다. 기도하는 목소리를 넘어 은밀히 개인방송을 하는 유튜버까지 무례한 세속의 일격은 그치지 않았다. 성당에는 무릎을 꿇고 앉아 훌쩍거리며 감동을 고백하는 사람들이 있는가 하면 기념사진으로 신성한 분위기를 즐기고 소비하는 사람도 가득했다. 세속의 무례는 끈질기고 경박한 방해가 이어졌지만 수사들의 노동은 성스러웠다. 향로는 커다란 추가되어 흔들렸고 성당은 분향 냄새로 가득 채워졌다. 다시 그 순간, 어쩔 도리 없는 고백의 순간이 찾아왔다.

"알게 모르게 지은 저의 죄를 용서해 주십시오. 제게 주신 것, 주시지 않은 모든 것에 감사합니다."

평화가 온몸으로 퍼진다.

너를 보내는 곳, 무시아

산티아고 가는 길 순례의 종착지는 이름이 말하는 대로 당연히 산티아고이다. 그런데 산티아고에서 순례를 마무리하는 사람은 의외로 적다. 중세시대에 세상의 끝이라고 믿었던 피스테라(Fisterra)로 가거나 또 다른 땅끝, 성모마리아가 발현했다고 알려진 무시아(Muxia)로 향한다.

내가 무시아에 도착한 날은 비바람에 진눈깨비가 섞여 날이 험했다. 궂은 날씨 덕분에 마을을 돌아보려던 계획을 포기하고 숙소에 남아있던 줄리를 만났다. 이른 오후부터 뜨거운 수프에 순례자의 피, 와인을 함께했다. 줄리는 석 달 전에 세상을 떠난 친구 리타 때문에 순례에 올랐다고 했다.

와인 잔을 거푸 비우는 동안 창문을 할퀴던 바람이 줄었다. 줄리가 조심스레 레이스 손수건을 풀더니 지금은 쓰는 사람이 거의 없는 카메라 필름통을 보여준다. 세상을 떠난 친구 리타를 호주의 퍼스에서 리스본으로, 포르투를 거쳐 산티아고로 그리고 이곳 무시아(Muxia)까지 그렇게 데려왔다는 것이다. 영화 같은 이야기다.

한국에서 정식으로 개봉된 적은 없지만 산티아고를 꿈꾸는 사람이라면 한번쯤 봤을 영화 「더 웨이 The Way」는 세속적 표현 그대로 성공을 이룬 아버지와 다른 길을 가는 아들의 이야기다. 아들은 산티아고 순례 첫날 피레네에서 사고로 죽는다. 미국에서 생장(St.Jean Piet de Port)으로 날아온 아버지는 아들을 화장하고, 그 아들의 유골을 지닌 채 아들 대신 까미노를 걷는 영화다. 주인공은 산티아고에서 순례를 마친 후 다시 땅이 끝나는 곳까지 걷는다. 하늘이 무너져 내린 바다에서 아들을 파도에 실려 보내는데, 영화 속 그곳이 바로 여기 무시아다.

"리타는 내게 친자매나 마찬가지야. 리타의 엄마, 그레이스는 내게도 엄마 같은 분이고."

줄리는 호주의 여자농구단 소속 훈련코치이다. 선수별로 훈련 프로그램을 설계하고 재활훈련을 코치한다. 시즌 중간은 아니라도 갑작스러운 장기 휴가는 소속팀에 적잖은 물의를 일으켰다고 한다. 아무리 친자매 같은 친구라 해도 타자를 위해 뻔히 예상되는 손해를 감수한다는 것은 쉬운 일이 아니다. 솔직히 나라면 결정하기 힘들었을 것 같다. 누구나 생각은 할 수 있지만 실제로 한다는 것은 다른 얘기다. 하물며 자신을 위한 결정도 미루거나 유보하기란 얼마나 쉬운가.

'상황이 좀 나아지면 언젠가', '이번 문제만 정리하고 나중에' 이렇게 저렇게 나중에, 언젠가….

'언젠가'는 결코 저절로 찾아오는 미래가 아니다. '나중에'는 또 다른 나중으로 밀리고 만다. 우리 모두 그걸 뻔히 알면서 '지금 하지 않아도 되는 핑계'를 잘도 찾아낸다. 하지만 줄리는 그렇게 하지 않았다.

"미루면 영영 오지 못하게 될 것 같더라. 그렇잖아? 지금이 아니면 나중은 없지(Now or Never)."

내 앞에 꼬질꼬질한 노숙자의 모습을 하고 있는 줄리가 아름답고 위대해 보인다.

밤을 보낸 후 하늘은 언제 그랬냐는 듯 맑다. 작은 바닷가 마을 무시아는 2002년 11월 유조선 기름유출 사고를 겪었다. 무시아 근해에서 좌초한 유조선은 8시간 만에 침몰하며 7만 갤론, 212톤의 기름이 해안과 마을을 뒤덮었다. 무시아의 상징이 된 상처(A Ferida) 조형물은 그때의 비극을 기억하고 위로하기 위해 세워졌다. 무시아의 상처는 죽음의 바다라고 불리는 해안 바위에 지은 성당, 노사 다 바르카(Nosa da Barca)와 나란히 서 있다. 고요하고 평화롭게만 보이는 작은 마을이 켈트족 전통과 야고보, 성모 마리아 발현에 유조선의 침몰까지 참으로 많은 이야기를 품고 있다.

우리는 어른 키보다 큰 파도가 밀려오는 해안가를 걸었다. 줄리는 바닷가 성모바위 쪽으로 내려가고 나는 마을로 향했다. 줄리가 리타와 작별하는 동안 멀리서라도 지켜보는 이가 없는 편이 줄리에게는 편할 것이다. 바

람은 서리처럼 찬데 가을 햇살은 뜨거웠다. 무시아의 바닷바람을 맞으며 처음 보는 물고기들이 걸려있었다. 길이가 족히 2미터는 넘고 구멍이 숭숭 뚫려 신기하게 생긴 모양이다. 덕장을 살피는 할아버지에게 그 물고기의

이름을 알아내기까지 100년쯤 걸린 듯하다. 번역기에 온갖 손짓 발짓을 동원해서 알아낸 물고기의 이름은 붕장어(Congrio)이다. 알고 보니 무시아는 유럽 붕장어 잡이로 유명한 마을이기도 하다. 손바닥만 한 마을이라 순례자들은 반나절쯤 머물고 떠난다는데, 난 무시아에서 이틀을 묵었다. 고요 속 햇살 샤워를 하며 혼자 바닷가 피크닉을 즐겼고, 말린 붕장어 찜요리를 먹었다. 붕장어는 달았다. 무거웠던 무릎이 가벼워졌고, 명치에 걸려 짓누르던 불안이 사라졌다.

마을을 돌아보다가 몬테 코르피뇨(Monte Corpino) 산으로 향했다. 코르피뇨는 어마어마한 바람의 언덕이었다. 몸을 가누기 힘들 만큼 밀치고 뒤집는 바람이 정신을 바짝 차리게 만든다. 용서의 언덕에 불던 바람을 떠올리며 몬테 코르피뇨 정상으로 올랐다. 마을 전체가 손에 잡힐 듯 가까이 펼쳐져 있다. 언덕 꼭대기에 세워진 십자가 근처 앉기 좋은 바위에 자리를 잡았는데, 어느새 언덕을 올라온 줄리가 옆으로 다가와 앉았다.

"내가 리타를 데려온 건 줄만 알았어. 그런데 리타가 나를 여기까지 이끌어 준 거였어."

내가 길을 선택했다고 생각했는데, 실은 길이 나를 불렀다는 말. 많은 순례자들이 하는 고백이다. 길을 걷지 않은 사람들은 결코 이해할 수 없는 말이기도 하다. 길을 걷기 전에는 결코 이해할 수 없던 말이었다. '나를 부른 존재, 나를 부른 길, 나를 부른 시간, 나를 부른 내 안의 나' 그 만남에 이끌려 사람들은 오늘도 까미노를 향하는지 모른다. 줄리는 바람 때문에 자꾸 눈물이 나는 거라면서 코를 풀고 빨개진 눈으로 깔깔 웃었다. 무시아에서 그녀는 순례를 완성했다.

꿈보다 큰 삶으로, 순례길 이후 사람들

"꿈이라고 말해. 이게 현실일 수는 없잖아!"

"오 마이 갓, 이건 꿈이야!"

차갑게 언 볼을 버프로 감싼 프란신과 부리부리 박사 안경을 쓴 톰, 유쾌한 순례자 부부가 내 앞에 있었다. 산티아고를 걸으며 만났던 친구를 30개월 후에 우연히, 산티아고 광장에서 다시 만나게 되는 확률은 얼마나 될까? 프란신은 연신 자기 이마를 손으로 짚었다가 다시 내 얼굴을 감싸며 눈을 맞췄다. 우리는 꿈이 아닌 것을 확인했다.

리스본에서 출발하는 포르투갈 루트로 700km를 걸어 산티아고에 도착한 날이었다. 처음 산티아고를 걸으며 만났던 프란신과 톰 부부와는 후반에 엇갈려 연락처를 나누지 못하고 헤어졌다. 다른 친구들과 메일이나 페이스북으로 연락을 하면서 두 사람의 안부가 궁금했었다. 두 번째 까미노를 완주한 날 거짓말처럼 둘이 내 앞에 나타났다. 우리의 재회는 설명하기 힘든 방식으로 이루어지는 또 하나의 신비다.

산티아고 순례로 삶이 바뀐다는 말은 거짓말처럼 들린다. 수십 년 쌓아온 습관과 가치관이 까미노를 걷는다고 변할 가능성은 크지 않다. 다른 경험으로는 대체할 수 없는 소중한 경험을 얻고 난 후 순례자들은 일상으로 돌아간다. 까미노는 가끔씩 삶에 지칠 때, 힘들 때마다 들춰보며 추억하는 정도로 남는다. 그런데 순례의 시간으로 삶을 통째로 흔드는 이들도 없지는 않다. 프란신과 톰이 그 경우에 속한다. 로맨스 소설을 습작하던 프란신은 산티아고 순례길을 배경으로 한 타임랩스 판타지 소설을 완성했고, 신학교수였던 톰은 명예퇴직 후 순례자를 위해 봉사하는 호스피탈레로가 되려고 준비 중이다. 순례를 삶의 중심에 들여놓은 것이다.

메세타를 함께 걸으며 세상의 모든 민요를 불러주던 이태리 친구들은 등반 중에 친구를 잃는 사고를 겪었다. 마우리지오와 엘레나는 부부로서 여생을 함께하고 있다. 함께 산을 오르고, 노래를 부르며 건강하고 뜨겁게 사랑하며 산다. 인류의 삶을 덮친 코로나바이러스 만연의 시대에 엘레나는 예쁜 천 조각을 골라 마스크를 만들었다. 고난으로는 사랑을 퇴색시키지 못한다는 것을 확인할 수 있게 해준다.

사랑스러운 마엘, 길을 걷다가 풀을 꺾어 피리를 불어주고, 손가락만 한

하모니카를 연주해 주던 그녀는 한동안 연락이 없었는데, 최근에 메일을 받았다.

'바이올린을 제작하는 국립학교에서 인턴으로 공부하고 있어요. 과정은 힘들지만 정말 재미있어요. 곧 제가 만든 바이올린을 출시하게 될 거예요.'

풀피리가 바이올린으로 이어질 줄은 몰랐다. 소리를 만들기 좋아하던 그녀가 제대로 길을 찾은 것 같다.

이사벨은 그녀에게 상처로 남아있던 엄마를 만나 보겠다고 했었다. 그녀의 엄마에 대한 얘기는 없었지만, 허리까지 길었던 머리를 짧게 잘랐다며 환하게 웃는 사진을 받았다. 와츠앱 속 얼굴은 밝아 보였다. 커트머리를 한 이사벨을 보면서 때로 지난 사실을 들추는 것보다 유보하는 데 더 큰 용기가 필요하며 그 편이 진실에 가까울 수도 있다고 생각했다. 그녀의 어깨가 가벼워 보였으니 그걸로 충분하다.

루카스는 까미노를 걷는 동안 하얀리본운동 알리기 캠페인을 했다. 성차별적 사회의 피해자는 여성이지만 남성이 주도적으로 여성운동에 동참하는 화이트리본운동을 위한 그의 까미노 걷기와 모금 활동은 캔버라 지역 신문에도 소개되었다. 길을 걸으며 펀드를 모금한 루카스는 산티아고 순례를 마친 후 호주의 하얀리본운동본부에 기금을 후원했다. 하나뿐인 딸과 관계를 회복할 기미가 보인다고 했다. 가끔 손녀와 주말에 요트를 탄다고 하니 그가 사막 같다고 했던 마음에 오아시스가 생긴 셈이다.

까미노 순례자들과는 하루나 이틀 짧은 만남 후 헤어진 경우가 많지만,

특별한 교감을 나눴던 친구들도 적지 않다. 비아나에서 밤새도록 열이 나는 나를 지켜준 피터, 무릎 때문에 부르고스에서 돌아가야 했던 피터는 그의 아들 미하엘과 언젠가 다시 걷기를 계획하고 있다. 질풍노도의 시간을 통과하며 극단적인 문제적 문제아였던 미하엘은 비록 중간에 포기하고 돌아가야 했지만, 까미노에서 보름을 보낸 이후 눈도 마주치지 않았던 아빠와 대화를 나눈다고 한다. 시간이 더 걸릴 것이지만 결국 둘은 함께 걷게 될 것이다.

까미노 가족이라고 부르며 함께했던 나의 까미노 도터(daughter 딸) 수지에게는 일본인 요리사 애인이 생겼다. 둘은 토론토에서 함께 산다. 여행을 좋아하는 수지와 달리 그녀의 애인 겐지는 이른바 방콕족, 집콕족이다. 시간이 날 때마다 맛있는 음식을 먹고 좋은 메뉴의 식당을 찾아다니는 순례중이다.

"까미노를 걸으며 6kg이 빠졌는데 겐지를 만난 후 그 두 배가 늘었지 뭐예요. 다시 만나도 아마 못 알아 볼 거예요."

수지는 그렇게 말했지만 그럴 리가. 두 배로 체격이 불었다 해도 한눈에 그녀를 알아볼 것이다.

까미노 아들 데이브는 추리소설을 드디어 완성했다. 영국 아마존에서 전자책으로 먼저, 그리고 종이책으로도 나왔다. 요크의 집을 떠나 영어강사로 일하면서 앞으로도 소설을 쓸 생각으로 장기간 체류할 나라를 물색 중이다. 여행 중 소설의 소재를 찾아 소설 구상을 끝냈다고 했다. 잔인한 지방 판사가 주인공이다.

헨드릭은 돌아가서 한동안 적응에 힘든 시간을 겪는 눈치였다. 독일을 떠나 스위스로 이주한다는 소식 이후 연락이 끊겼다. 아홉 번의 전신마취 수술을 이겨낸 헨드릭이다. 어떻게든 일어설 것이라고 믿으며 가끔씩 그를 위해 기도한다.

론 아저씨는 명실상부한 여행가로 변신했다. 동물구조 운동본부에서 만난 여자 친구와 함께 캠핑카로 멕시코, 아르헨티나, 칠레를 여행했고, 아시아의 매력에 빠져 태국과 베트남에서는 수개월씩 머무는 거주 여행을 마쳤다. 한·중·일 여행을 염두에 두고 있었는데, COVID-19 팬데믹으로 난관에 부딪혔다.

"내년쯤 우리 까미노 가족이 제주도에서 모두 만날 수 있지 않을까? 난 그날을 꿈꾸고 있어."

론의 메시지에 나도 헤어지던 날의 약속을 떠올렸다. 정말 그럴지도 모를 일이다.

타리아이는 본격적으로 산악 트래킹을 이어가고 있다. 노르웨이와 북유럽의 숲을 걷고 뛰며 언젠가 나와 함께 칠보산과 개마고원에 갈 수 있기를 희망한다고 메신저를 보내왔다. 그날이 오면, 우리는 먼저 산티아고 길에 함께 오르기로 했다.

페이지는 목하 열애중이고 코로나 덕분에 발견한 새로운 재미에 빠져있다. 평생 스키 선수, 스키 코치로 지낸 페이지의 인스타그램에는 요즘 손바

느질로 만든 작품과 핑크빛 분위기가 물씬이다. 조안은 정식으로 완전 은퇴를 앞두고 있다. 비행하지 않는 삶을 상상할 수 없다면서도 쓰디쓴 달콤함으로 느껴질 자유의 날을 기다리고 있다며 말했다. '타리아이와 페이지가 보조를 맞추게 두고 재희 너는 나와 앞서거니 뒤서거니 하며 함께 산티아고를 걷자.' 우리는 다시 걷게 될까? 나 역시 그날을 꿈꾸고 있다.

Epilogue

그리고
다시
나를 향해
걷는 길

순례는 마무리되고 또 이어진다. 따로 또 같이 기쁨과 추억을 나눈 후 다시 혼자가 되었다. 누구는 코루나(A Coruna)를 향해 떠나고, 다른 사람은 마드리드까지 걷기로 했고, 나는 무시아를 거쳐 피스테라로 향했다.

땅끝이라는 뜻을 품은 피스테라(Fis끝-Terra땅)는 지구가 평평하다고 믿었던 시절 세상이 끝나는 곳이었다. 중세에 그린 그림에는 서쪽 땅끝을 지난 검은 바다가 영원한 절벽으로 떨어진다. 옛날 사람들이 땅의 끝, 세상의 끝이라고 믿었던 곳으로 가보고 싶어 찾았던 피스테라를 이번에도 내 여행의 마지막으로 정해 두었다. 땅끝 바다로 해지는 모습을 바라보았던 그곳에서 마무리를 하고 싶었다. 이베리아반도의 또 다른 땅끝, 리스본 북서쪽 바닷가 카보 다 호카에서 출발해 세상의 끝 피스테라까지, 애초부터 끝에서 끝으로 향한 여정이다.

호젓한 바다를 향해 걷는데 마을 성당이 북적거린다. 피스테라에 사는 사람이 모두 모이기로 약속이라도 한 건지 오래된 성당의 마당과 성당 묘지, 좁다란 길에도 정성껏 차려입은 사람이 제법 많다. 나도 모르는 힘에 이끌려 들어갔다. 태어나고 얼마 되지 않은 아이의 세례식이다. 아직 젖살이 남아있어, 젊다는 말보다 어리다고 해야 할 앳된 엄마와 어린 아빠가 신부님의 품에 안겨 있는 아이의 부모인 듯하다. 신부는 작은 화병 속에 넣은 물(성수)을 아이의 이마 위로 조심스럽고 짧게 세 번 흘려 내렸다. 성수를 이마에 붓는 축복이 아이에게는 그저 생소하고 두려운 감각일터, 자지러지듯 놀라서 우는 아이와 그 모습이 귀여워 웃는 어른들 사이에서 세례식은 무겁지 않고 즐거웠다. 세례식을 바라보는 나에게 오렌지색 스카프를 멋스럽게 두른 여인은 가까이 오라며 손짓했다. 여인은 "산티아고"라고 연거푸 말하면서 내 배낭의 조개와 아이를 번갈아 가리킨다. 아이의 이름이 산티아고, 야고보 성인의 이름을 따서 지었다는 뜻인 듯했다. 그러고 보니 아주머니는 아이의 어린 엄마와 닮았다. 세례를 받은 아이의 외할머니인 듯한 여인이 무어라고 하자 세례식에 있던 사람들은 일제히 나에게 "부엔 까미노"를 외쳐주었다. 길을 걷는 동안 신성함과 세속의 것이 나란했듯이 삶에는 엄숙함과 가벼움이 엮은 실처럼 함께 있었다. 가족의 배웅을 받으며 성당을 나섰다.

이제 어디를 걷더라도, 걷지 않더라도 순례란 그냥 사는 것임을 안다. 하루하루 자신의 몫을 살아내는 것, 순간순간 나에게 주어진 몫의 기쁨을 누리는 것, 그런 사소하고 때로는 지치는 일상이 순례와 다르지 않다는 것을 안다. 집으로 돌아온 후 내 생활은 그다지 변하지 않았다. 900km, 다시 800km가 넘는 길을 걸었지만 그것으로 도를 깨우친 것도 아니며, 게으르고 때로 성마른 나를 벗어나는 마법을 얻은 것도 아니다. 절절한 깨달음의 순간이 문득 떠오르지만 금방 사라지기도 한다. 걸으며 눈물로 맹서한 결심조차 잊고 지키지 못하는 것도 많다. 몇 백 킬로미터, 설사 몇 천 킬로미터의 길을 순례자로 걷는다 해도 그것이 다른 사람이 되는 방법은 아니다. 하지만, 다시 태어난 것은 아니라도 내가 길을 걷기 전의 나와 똑같은 내가 아니라는 것을 나는 안다.

세상에는 눈으로 볼 수 없는 수많은 단서가 숨어있다. 아름다운 것, 진짜 중요한 것은 모두 오래 걸려야 얻을 수 있는 것임을 알게 되었고, 소중한 것은 절대 빠른 길에 놓여있는 법이 없다는 것을 배웠다. 느리게 얻을 수 있는 소중한 것은 결코 돈으로 사고 팔 수 있는 목록에는 적혀있지 않다는 것도. 이렇게 길에서 내가 새로 발견하여 알게 된 것들이 조금은 달라지려는 나를 응원해줄 것이다.

까미노는 내게 지나간 이벤트가 아니다. 강물처럼 흘러가 버리는 것도 아니다. 마치 상자 속 보물처럼 내게 남아 있을 것이다. 무표정한 얼굴로 지하철을 환승하는 생활 속에서 나는 가끔 메세타의 바람과 유칼립투스 숲의 향기를 맡을 수 있으리라. 뭉뚝한 일상이 나를 누르는 날이면 빗속에서 깔깔 웃던 환희를 꺼내어 보려 한다. 내가 혼자라고 느끼는 순간엔 이 길에서 받았던 친절을, 대가를 바라지 않는 보살핌과 선의를 떠올려보겠다. 길 위에서 너와 내가 '우리' 되던 연대 방식을 떠올리며 나는 기꺼이 노란 화살표가 되려 한다. 특별할 것이 없는 일상에서 사소한 순간을 기뻐하고 함께 방법을 찾을 것이다. 더 많이 웃으며 매일 까미노를 걸어볼 생각이다. 그렇게 해볼 자신이 생겼다. 길을 걸었던 사람들, 언젠가 이 길에 서게 될 사람들에게 인사를 건넨다.

부엔 까미노(Buen Camino)!

봉 까미뉴(Bom Caminho)!

우리 모두 자신을 향한 길을 걷기를, 그 길에서 안녕하기를.

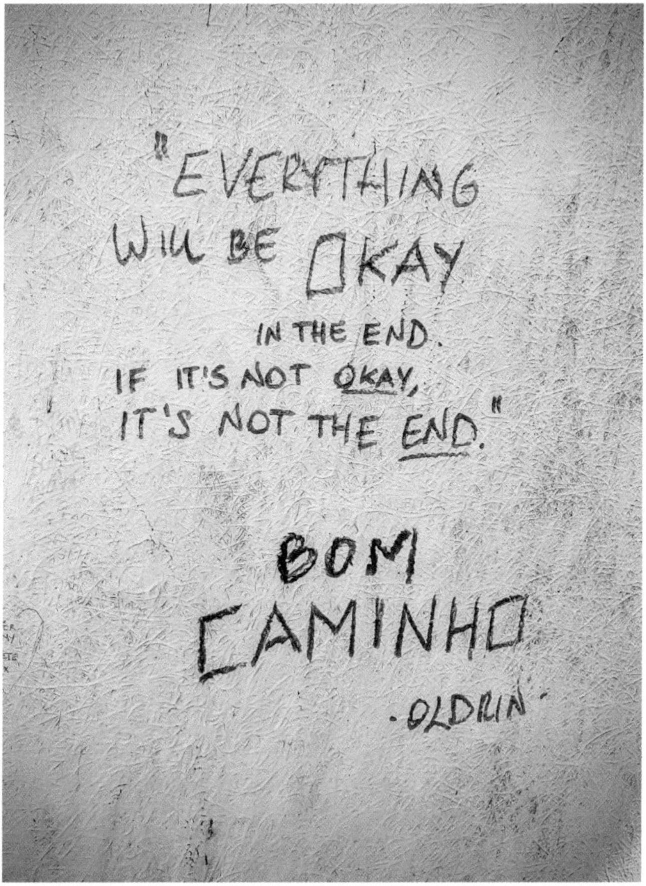

"EVERYTHING
WILL BE OKAY
IN THE END.
IF IT'S NOT OKAY,
IT'S NOT THE END."

BOM
CAMINHO

·OLDRIN·

포르투갈 길 순례 여정

1. 리스본 - 알프리아테(Lisbon - Alpriate) 22km

2. 알프리아테 - 빌라 프랑카 지 시라(Alpriate - Vila Franca de Xira) 19km

3. 빌라 프랑카 드 시라 - 아잠부자(Vila Franca de Xira - Azambuja) 25km

4. 아잠부자 - 포르토 지 무지(Ajambuja - Porto de Muge) 17km

5. 포르토 지 무지 - 산타렝(Porto de Muge -Santarém) 16km

6. 산타렝 - 아징야가(Santarém - Azinhaga) 23km

7. 아징야가 - 아딸라야(Azinhaga - Atalaia) 18.5km

8. 아딸라야 - 토마르(Atalaia - Tomar) 20.4km

9. 토마르 - 파티마(Tomar - Fatima) 26.5km

10. 토마르 - 코르치사(Tomar - Cortiça) 25.7km

11. 코르치사 - 응시오(Cortiça - Ansião) 19km

12. 응시오 - 하바살(Ansião - Rabaçal) 19km

13. 하바살 - 코임브라(Rabaçal - Coimbra) 28.4km

14. 코임브라 - 멜야다(Coimbra - Mealhada) 23.3km

15. 멜야다 - 아게다(Mealhada - Agueda) 25km

16. 아게다 - 알베가리아노바(Agueda - Albegaria-a-Nova) 22.3km

17. 알베가리아노바-마데이라(Albegaria-a-Nova-Sao Joao da Madeira) 22.3km

18. 상 주앙 다 마데이라 - 그리조(Sao Joao da Madeira - Grijo) 19km

19. 그리조 - 포르투(Grijo - Porto) 15km

20. 포르투 - 라브루지(Porto - Labruge) 24.5km

21. 라브루지 - 상 페드로 즈 레이치스(Labruge - Sao Pedro de Rates) 23km

22. 상 페드로 즈 레이치스 - 타멜(Sao Pedro de Rate - Portela de Tamel) 26km

23. 포르텔라 즈 타멜 - 폰츠 즈 리마(Portela de Tamel - Ponte de Lima) 24.5km

24. 폰츠 즈 리마 - 후비아에스(Ponte de Lima - Rubiaes) 18km

25. 후비아에스 - 발렝사 도 밍요(Rubiaes - Valenca do Minho) 16.3km

26. 발렝사 도 밍요 - 오 포리노(Valenca do Minho - O Porrino) 20km

27. 오 포리노 - 레돈델라(O Porrino - Redondela) 17km

28. 레돈델라 - 폰테베드라(Redondela - Pontevedra) 19.6km

29. 폰테베드라 - 브리아요스(Pontevedra - Briallos) 16.3km

30. 브리아요스 - 오 피노(Briallos - O Pino) 14.5km

31. 오 피노 - 파라메요(O Pino - O Faramello) 19km

32. 파라메요 - 산티아고 데 콤포스텔라(O Faramello-Santiago de Compostella) 14.5 km

포르투갈 순례길

Castropol
La Coruna
Santiago de Compostella
Muxia
Lugo
O Pino
Faramello
Briallos
Rio Mino
SPAIN
Pontevedra
Redondela
Odense
O Porrino
Valenca de Minho
NORTH ATLANTIC OCEAN
Rubiaes
Ponte de Lima
Portela de Tamel
Sao Pedro de Rates
Labruge
Porto
Rio Doura
Grijo
Sao Joao da Madeira
PORTUGAL
Albegaria-a-Nova
Agueda
Guarda
Coimbra
Mealhada
Rabaçal
Ansião
Cortiça
Tagus
Fatima
Tomar
Atalaia
Azinhaga
Santarém
Porto de Muge
Ajambuja
Vila Franca de Xira
Alpriate
Lisbon
Valencia de Alcantara
Caceres
Badajoz
Merida
Rio Guadiana
SPAIN